LES ARTISTES DE L'ÂGE DE GLACE

COMMENT NOS ANCÊTRES CRÉAIENT-ILS DES IMAGES ?

Paul Bahn

Elle Clifford

Avant-propos d'Antony Gormley

ARCHAEOPRESS

Une partie de la série unique
de dizaines de grands
disques rouges, peints à la
bombe ou crachés, dans
une galerie de la grotte
d'El Castillo (Espagne)

SOMMAIRE

Avant-propos

Vous entrez dans une grotte dont les parois scintillent sous l'effet d'une eau riche en calcite. Vous passez vos doigts dessus et ils laissent une trace au plafond, comme des rails de tramway. Votre souffle crée des volutes dans l'air frais ; chaque pas produit un écho dans la résonance de l'obscurité et de la pierre. Maintenant, remplissez le creux d'un os animal avec de l'ocre finement broyée prélevée sur le sol, et appuyez la paume d'une main contre la paroi de la grotte. En soufflant l'ocre sur le dos de votre main, vous laissez une empreinte, la plus ancienne trace de toucher humain qui nous soit parvenue par-delà les millénaires, témoignant d'une présence et d'un contact à travers le voile épais du temps.

Qu'est-ce qui fait de nous des êtres humains ? Notre capacité à tirer des enseignements de l'expérience acquise.

L'obscurité de la grotte est le terreau dans lequel le premier art a vu le jour, mais elle est aussi une métaphore de notre capacité à imaginer, à plonger au plus profond de nous-même pour créer des choses qui résonnent avec le monde extérieur. L'un des plus extraordinaires témoignages de l'âge de glace en Europe, c'est la façon dont les artistes ont dessiné des chevaux, des bisons, des mammouths et des cerfs, témoignant à la fois d'une pratique et d'un imaginaire. Durant la dernière glaciation, beaucoup plus d'animaux que d'humains parcouraient les plateaux, et la vue et le bruit de ces vastes troupeaux dévalant les vallées calcaires du sud de la France devaient être très impressionnants. Nous les chassions, mangions leur chair et nous habillions de leur peau, pour survivre, mais nous les vénérions et les respections aussi. L'art pariétal témoigne de notre dépendance vis-à-vis de ces animaux, mais aussi de la place que ces créatures puissantes et mythiques occupaient dans l'imaginaire de l'époque.

Je crois que la peinture, le dessin, et plus généralement la capacité de créer, font partie intégrante de notre espèce, de ce que l'évolution a fait de nous. Si vous donnez à un enfant un moyen de laisser une trace, par exemple un crayon ou un pinceau, il l'utilisera avec joie et expressivité. En créant quelque chose, une chose qui existe déjà ou bien quelque chose de tout à fait nouveau, comme l'empreinte de votre main par exemple, cela change le monde et la façon dont vous vous y sentez : vous avez donné vie à quelque chose qui n'existait pas auparavant. Sans ce recours à l'imagination, nous sommes perdus. La curiosité est à la base de toutes les entreprises créatives. Prenez un crayon, un morceau d'argile et créez !

Antony Gormley

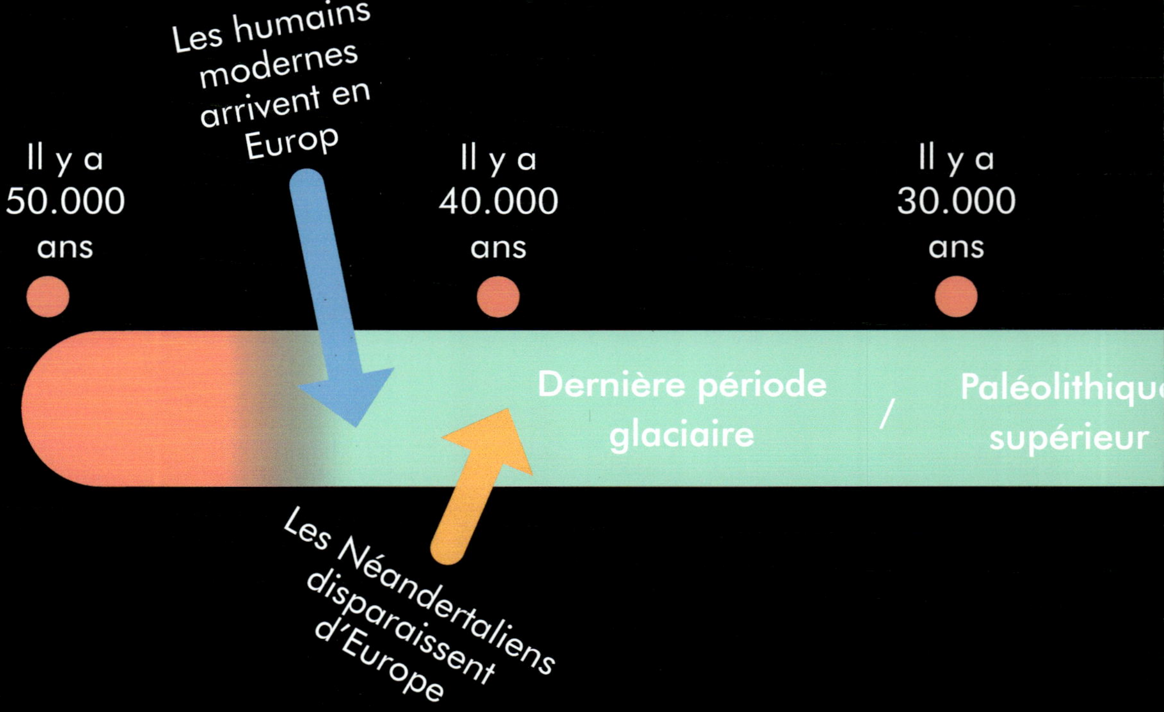

FRISE CHRONOLOGIQUE

Cette frise montre le temps qui s'est passé depuis le moment approximatif de l'arrivée des premiers humains modernes en Europe jusqu'à aujourd'hui.

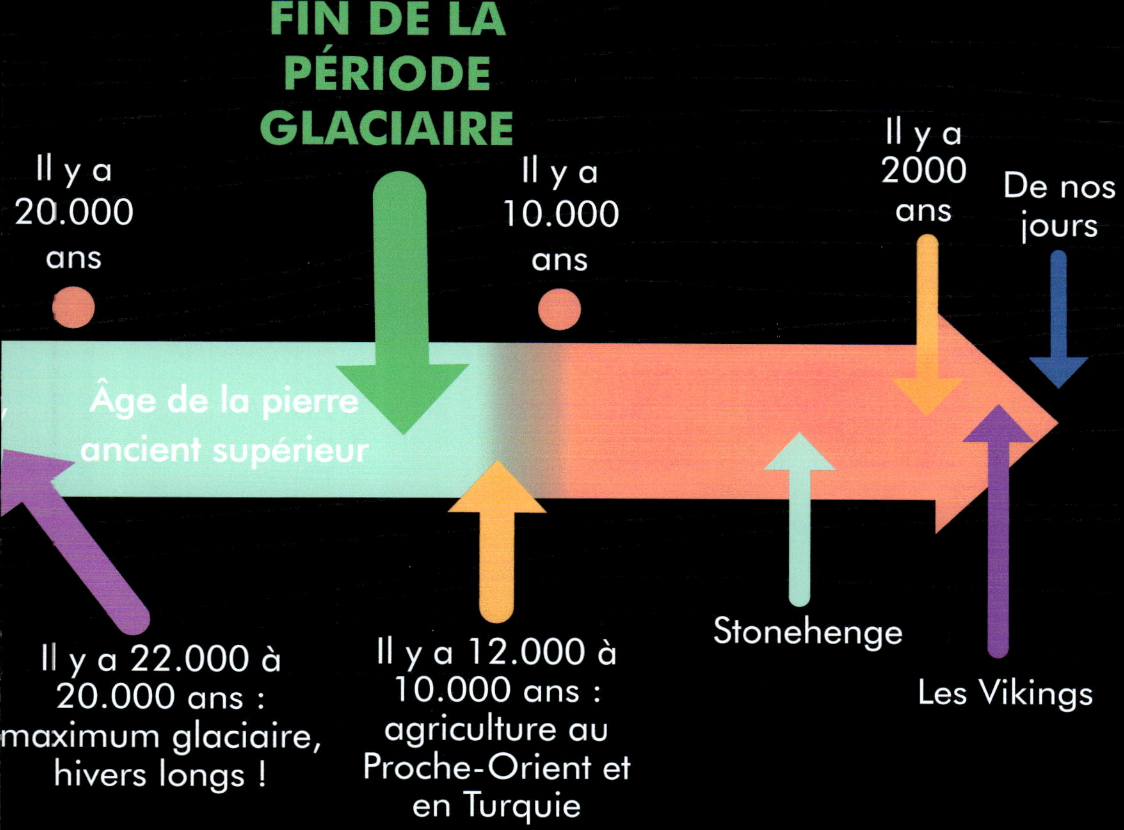

Photomontage du panneau dit de la « licorne » à Lascaux II

▲ Les auteurs à Altamira.

◄ Plusieurs des bisons en relief peints sur des bosses naturelles au plafond d'Altamira.

Vous serez peut-être surpris d'apprendre que certaines des images de l'ère glaciaire peintes et gravées dans des grottes n'ont pas été trouvées par des **archéologues**, des **préhistoriens** ou des **spéléologues**, mais par des enfants, des chiens et même, dans un cas précis, par une vache !

Au cours du XIXe siècle, un petit nombre d'individus avaient déjà entrepris d'explorer des grottes et noté dans leurs carnets la découverte de peintures ou d'objets intrigants (l'un d'entre eux avait même pris des photos de gravures). Cependant, rien n'avait jamais été publié pour attirer l'attention sur ces premières découvertes, du moins pas avant que la grotte d'Altamira, sur la côte nord de l'Espagne, soit découverte en 1868 par le chien d'un fermier qui s'était coincé entre des rochers. Même alors, il a fallu plusieurs années avant qu'elle ne soit étudiée par un propriétaire foncier local, également préhistorien amateur, Marcelino Sanz de Sautuola. Alors qu'il sondait à l'intérieur de la grotte à la recherche d'outils préhistoriques, sa fille Maria, âgée de huit ans, s'est aventurée un peu plus profondément et a alors aperçu un plafond recouvert d'énormes peintures bichromes (ocre et charbon) représentant des bisons. Une découverte incroyable. Malheureusement, les efforts de Sanz de Sautuola pour convaincre les milieux archéologiques de ses découvertes ont été ridiculisés, il a même été accusé de fraude.

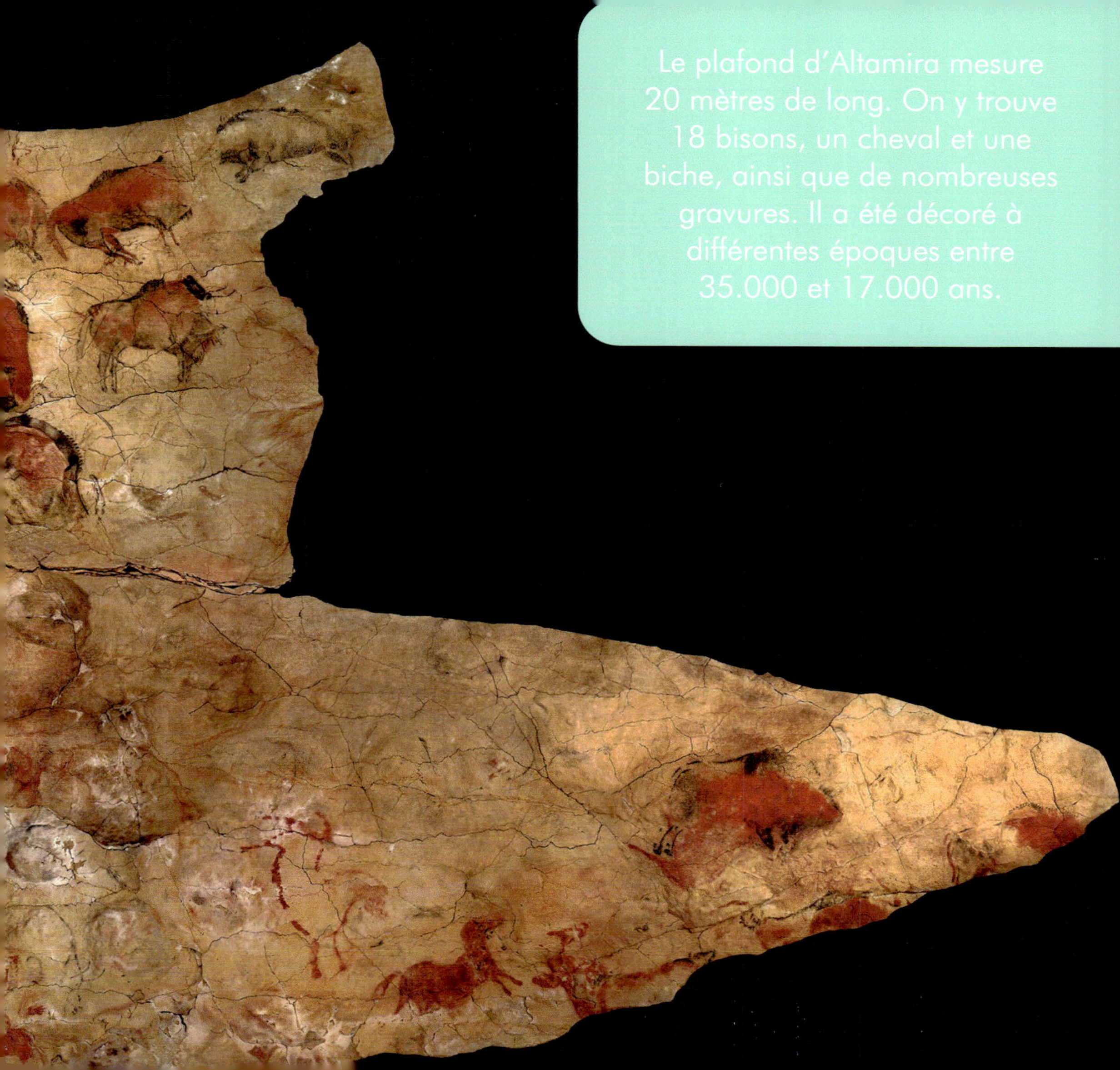
Le plafond d'Altamira mesure 20 mètres de long. On y trouve 18 bisons, un cheval et une biche, ainsi que de nombreuses gravures. Il a été décoré à différentes époques entre 35.000 et 17.000 ans.

Une autre grotte préhistorique spectaculaire, et parmi les plus célèbres au monde, est celle de Lascaux, en Dordogne, découverte en septembre 1940 par un adolescent, Marcel Ravidat, et son chien Robot. Alors qu'ils se promenaient ensemble dans les collines, Robot disparut soudainement dans un trou apparu à la suite de la chute d'un arbre. Marcel jeta une pierre dans le trou et comprit ainsi qu'une profonde cavité se trouvait juste sous ses pieds. Quelques jours plus tard, il revint avec trois amis pour explorer les lieux. Les garçons se sont glissés dans l'obscurité et, à leur grande surprise, ont découvert une grotte dont les murs et les plafonds étaient recouverts de peintures d'animaux. Vous serez soulagés d'apprendre que Robot a été retrouvé sain et sauf et qu'il est vite devenu une sorte de héros national. Il y a même une rue qui porte son nom ! (Voir ci-contre)

Robot n'a pas disparu et il est même devenu une sorte de héros national!

Montignac-Lascaux
Impasse ROBOT
"Robot" nom du chien de Marcel Ravidat qui a participé activement à la découverte de la grotte de Lascaux.

Certains des premiers visiteurs à Lascaux.

L'intérieur de Lascaux contient plus de 600 peintures fabuleuses représentant des aurochs (des bovins sauvages), des chevaux, des cerfs et des signes, ainsi que près de 1.500 gravures, principalement de chevaux. Lascaux est immédiatement devenue célèbre dans le monde entier et des milliers de personnes ont voulu la visiter pour pouvoir admirer les peintures, ce qui a terriblement pollué la grotte !

Lascaux a été décorée à différentes époques et par différents artistes. Des lampes, des outils pour broyer les pigments et 158 morceaux de pigments minéraux ont été trouvés à l'intérieur.

Pech-Merle, une grotte à flanc de colline dans le département du Lot en France, est un autre exemple de cette curiosité typiquement enfantine qui mène parfois à de fabuleuses découvertes. Les murs sont peints de fresques spectaculaires datant d'il y a 27.000 à 18.000 ans. L'art de ses parois a été découvert en 1922 par Martha, alors âgée de 13 ans, son frère aîné André et son ami Henri. Comme beaucoup de gamins du coin, ils avaient été encouragés par un archéologue amateur à explorer les grottes locales à la recherche de peintures ; dans ce cas précis, leur curiosité a porté ses fruits !

La grotte de Pair-non-Pair (qui signifie « pair ou impair ») se trouve au nord de Bordeaux. Elle contient une quarantaine de gravures très fines et profondes représentant des chevaux, des bouquetins (chèvres de montagne), des cerfs et des mammouths. Ces œuvres remontent à une période très ancienne de l'âge de glace, il y a environ 33.000 à 26.000 ans. La grotte a été découverte en 1881 lorsqu'une vache a trébuché sur ce qui s'est avéré être un trou naturel dans le plafond de la grotte. C'est autour de ce trou laissant passer un rayon de lumière que toutes les gravures ont été réalisées.

Photo de l'équipe qui a découvert la grotte de Tito Bustillo.
Tito est le deuxième à gauche.

L'immense grotte de Tito Bustillo a été découverte en 1968 par un groupe d'adolescents spéléologues, dont Celestino Fernández Bustillo. Tito, comme on l'appelait, a trouvé la mort moins de trois semaines plus tard dans un accident d'alpinisme et ses amis ont décidé de donner son nom à la grotte en sa mémoire. La première figure repérée par les inventeurs est une grande tête de cheval noire au plafond, mais la grotte contient une multitude de peintures et de panneaux complexes, peints et gravés au cours de neuf phases distinctes durant la dernière glaciation. Un immense panneau représentant de grandes figures de rennes et de chevaux est peint en noir et dans une rare teinte d'ocre violet (voir fig. p. 46).

En dépit de sa découverte tardive, l'art pariétal était là sous nos yeux, de nombreuses grottes en Europe ayant été utilisées depuis des siècles pour toutes sortes d'activités, qu'il s'agisse de cérémonies religieuses ou de bergers s'abritant des intempéries, voire de jeunes intrépides explorant les profondeurs cachées avec leurs chiens (n'essayez pas cela vous-mêmes !).

Lorsqu'on a soupçonné les origines anciennes de l'art pariétal, cela a déconcerté beaucoup de gens qui ne s'y attendaient pas. Faute de pouvoir expliquer le **phénomène**, de nombreux « experts » ont mis du temps à accepter l'authenticité de cet art. Mais après la découverte d'autres œuvres pariétales en France et la mise au jour d'objets d'art mobiliers datés scientifiquement, plus personne n'a pu contester que certaines grottes recelaient bel et bien des images datant de l'ère glaciaire (voir p. 61).

Après les premières découvertes, l'exploration des grottes est devenue un passe-temps très prisé des experts, des amateurs et des **spéléologues**. La famille Bégouën, par exemple, aimait explorer les grottes et les **déblais d'excavation** de leur propriété, dans les contreforts des Pyrénées françaises, dans le but d'en savoir plus sur les anciens humains qui occupaient autrefois la région. Au cours de l'été 1912, les trois fils adolescents du comte Henri Bégouën décidèrent d'aller explorer une grotte appelée Le Tuc d'Audoubert, creusée par la rivière Volp. Ils y sont entrés à bord d'un radeau artisanal et y ont découvert des gravures d'animaux. Quelques jours plus tard, ils s'enfonçaient encore plus profondément dans la grotte et découvraient au fond quelque chose d'inouï : deux bisons en argile modelés par une famille qui avait visité la grotte environ 13.000 ans avant eux.

L'enthousiasme des inventeurs ne s'est pas arrêté là. En effet, deux ans plus tard, ils découvraient une autre grotte sur leur terrain, remplie de peintures et de gravures. La grotte a donc été baptisée Les Trois Frères !

Sachant trop bien combien de grottes préhistoriques ont été endommagées par des ouvriers ou des visiteurs imprudents, la famille Bégouën n'a jamais sérieusement envisagé d'ouvrir ses grottes au public. À ce jour, très peu de personnes ont visité Le Tuc d'Audoubert et Les Trois Frères, ceci afin de garantir la préservation pour les générations futures de ce patrimoine tellement précieux. Le chemin emprunté par les garçons lors de leur première visite, avec pour seul éclairage des lampes à vélo, a établi l'itinéraire qui est encore utilisé aujourd'hui.

De nombreuses grottes contenant des images préhistoriques ont aussi été découvertes par des ouvriers du bâtiment. C'est le cas, par exemple, de la grotte de Covaciella, dans le nord de l'Espagne, découverte en 1994 lorsque des ouvriers travaillant à la construction d'une route ont mis au jour l'entrée de la grotte en creusant des trous à l'explosif. Comme c'est le cas pour la plupart des grottes découvertes ces dernières années, les visites sont limitées, nécessitent une autorisation et ne sont généralement accordées qu'à des fins de recherche. Les peintures de Covaciella ont environ 14.000 ans (voir fig. p. 65).

Parfois, c'est le propriétaire du terrain ou l'agriculteur qui le cultive qui fait la découverte. On sait d'ailleurs que de nombreuses grottes ornées étaient déjà connues des habitants depuis des années avant qu'ils ne se décident enfin à les déclarer aux autorités, afin qu'elles puissent être protégées par le gouvernement. La grotte ornée de Llonín, également située dans le nord de l'Espagne, était connue depuis toujours des habitants et servait à la fermentation et au stockage du fromage. Jusqu'à ce que Magín Berenguer soit invité à inspecter les gravures sur les murs en 1971. Il écrivit plus tard : « Dans la partie haute de la grotte, il y a une fantastique forêt de stalagmites et de stalactites qui se sont jointes de haut en bas, formant une magnifique colonnade atteignant par endroits une hauteur de 6 mètres. » Sa description est l'un des nombreux exemples illustrant comment l'**architecture** naturelle d'une grotte a pu attirer l'artiste et l'amener à la décorer. La grotte de Llonín a été peinte et gravée à plusieurs reprises sur une très longue période. Ce n'est pas rare, le plafond de la grotte d'Altamira en est un autre exemple. Mais cela suggère que les préhistoriques, qui les ont fréquentés très longtemps, croyaient fortement que ces lieux et les images qui s'y trouvaient étaient dotées de propriétés particulières. On ne peut qu'imaginer ce que les anciens ont pensé en voyant ces étonnantes peintures murales pour la première fois, mais il est probable que les significations et les croyances qui y étaient associées ont évolué au fil des millénaires.

Une partie du panneau principal de la grotte de Llonín, dans le nord de l'Espagne. Remarquez la figure serpentine au centre et l'utilisation intense de l'ocre.

Vous souhaitez admirer de véritables œuvres pariétales ? Si oui, rendez-vous à la page 72 et découvrez comment faire.

Les pingouins de Cosquer.

COSQUER – UNE GROTTE INONDÉE

L'une des découvertes les plus extraordinaires en matière de grottes ornées est celle de Cosquer, près de Marseille, faite en 1985 par le plongeur Henri Cosquer. Son entrée, aujourd'hui sous l'eau, se trouvait autrefois à 120 m au-dessus du niveau de la mer, à 10 km de la côte. Mais l'élévation du niveau de la mer après la fin de la glaciation a inondé le littoral, de sorte que l'entrée se trouve désormais à 37 m sous la surface de l'eau. Pire encore, pour entrer dans la grotte, il faut désormais passer par un tunnel de 147 m de long et de seulement 90 cm de haut, ce qui est extrêmement dangereux : des plongeurs professionnels s'y sont noyés ! Lors de sa première visite, Cosquer n'a remarqué aucune trace d'art dans la grotte, sans doute distrait par les magnifiques stalagmites et stalactites du lieu. Mais une multitude d'images ont fini par être révélées : des dessins à la pigmentation noire, des mains rouges et noires réalisées au pochoir, ainsi que de nombreuses gravures et empreintes de doigts. On compte près de 500 figures, dont 225 animaux de 11 espèces différentes, principalement des chevaux, des bouquetins, des bisons et des aurochs. Parmi les figures les plus remarquables et les plus inhabituelles, on trouve un groupe de grands oiseaux, que l'on pense être des pingouins (voir ci-contre). Comme le public ne peut pas entrer dans Cosquer, une excellente reproduction a été ouverte à Marseille en 2022, dans laquelle les visiteurs sont transportés dans des véhicules entourés d'eau. Malheureusement, le changement climatique actuel provoque une élévation du niveau de la mer, ce qui endommage déjà les figures de la grotte se trouvant au ras de l'eau.

Les animaux, les humains et les signes (marques abstraites) sont les trois catégories qui forment l'art glaciaire. La grande majorité des œuvres sont des figures animales, et presque toutes semblent être des animaux adultes dessinés de profil, à quelques exceptions près. Parfois, les figures sont minuscules, alors qu'à d'autres endroits elles sont énormes.

Une minuscule gravure sur os représentant une sauterelle – il existe très peu de représentations d'insectes dans l'art glaciaire. Elle a été découverte dans la grotte d'Enlène.

La plupart des figures « complètes » d'animaux ne sont pas difficiles à reconnaître. Parfois, des figures étranges défient toute identification, en particulier celles qui semblent être des composites de différents animaux (voir fig. pp. 21 et 54). Certaines espèces, tels les chevaux, les bouquetins, les cerfs ou les bisons, semblent avoir revêtu une importance particulière pour les artistes de l'âge de glace. Dans l'ensemble, l'art pariétal est dominé par les chevaux et les bisons. Les chevaux étaient petits et trapus, avec une longue queue et une crinière courte. Les bisons dessinés sont aujourd'hui éteints, mais ressemblent aux bisons européens modernes (voir fig. p. 16).

Il y avait de nombreux animaux et plantes dans les environs que nos ancêtres ont choisi de ne pas représenter dans leur art. Lequel ne compte ni paysages ni scènes en plein air, pas de soleil, pas de lune et une sélection très limitée des animaux qui les entouraient. Comme il n'y a pas non plus de scènes de chasse (voir p. 69), il semble que ces images soient une sorte de « code » et non pas un « menu », à l'inverse de ce que beaucoup de gens pensent !

Les enfants demandent souvent si ces images représentent des animaux qu'ils chassaient et pourquoi ils ont peint certains animaux beaucoup plus que d'autres. La réponse est loin d'être simple.

Dessiner des êtres humains

Dans l'abri sous roche de La Marche, plus de 2.000 plaquettes en pierre datant d'il y a 17.000 ans ont été découvertes (voir p. 25). Beaucoup sont gravées d'animaux, mais environ 115 d'entre elles sont gravées d'une grande variété de figures humaines, principalement des têtes. La majorité (90 %) sont de profil ; on y trouve des expressions faciales diverses, des couvre-chefs, des coiffures - certaines semblent chauves, d'autres ont des poils sur le visage. Il y en a qui semblent assez jeunes, d'autres plus âgées ; certaines ressemblent à des hommes car elles ont une barbe, d'autres pourraient être des femmes ou des jeunes garçons. Dans l'ensemble, les humains sont très rares dans l'imagerie de l'ère glaciaire, en particulier dans l'art pariétal, mais les gravures de La Marche montrent que les artistes étaient parfaitement capables de les dessiner quand ils en avaient envie.

Relevé d'un visage gravé à La Marche.

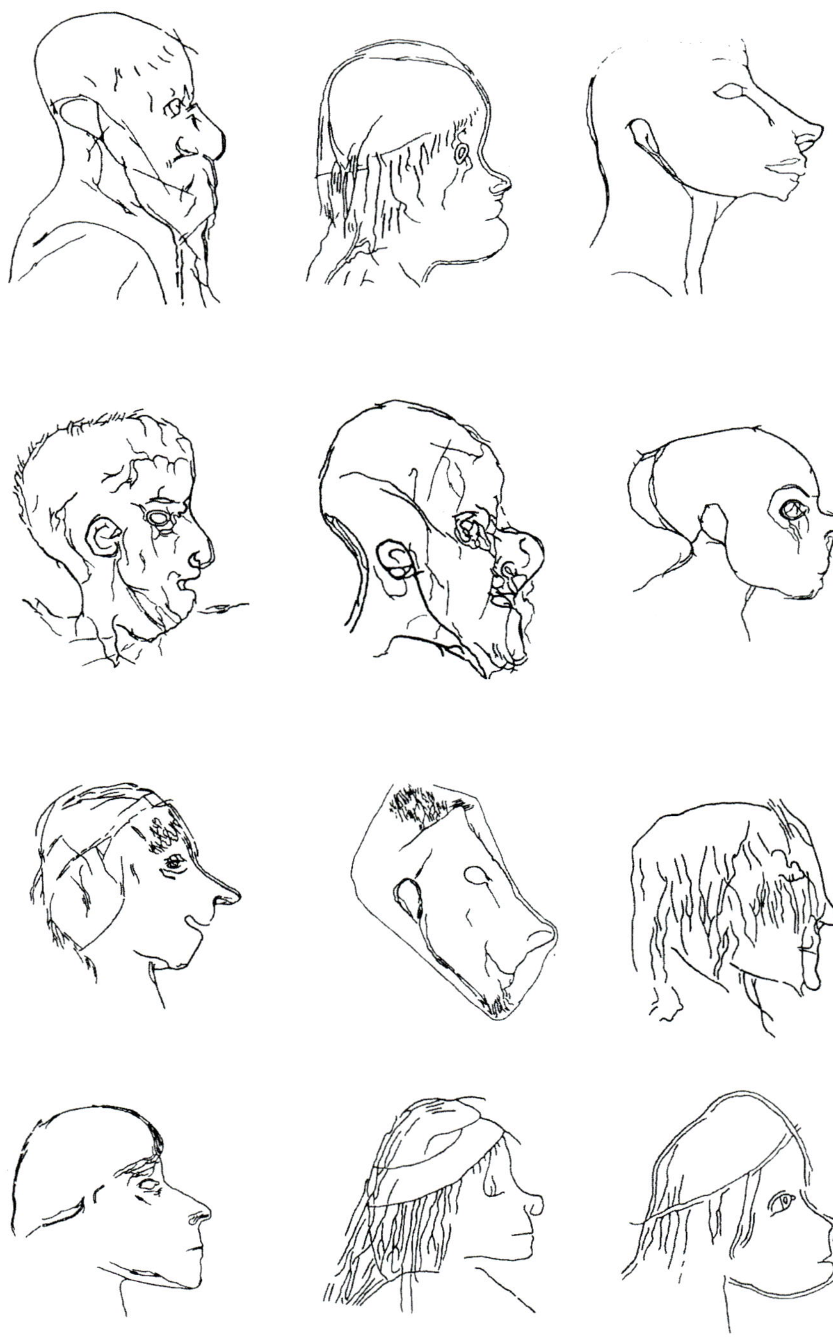

Certaines des têtes de profil de La Marche, en France.

HUMANOÏDES

Cette catégorie de représentations comprend des figures qui ressemblent « plus ou moins » à des humains – elles sont parfois interprétées comme des humains, mais elles sont trop stylisées pour que nous puissions en être sûrs. Par exemple, les têtes manquent parfois, mais elles ont d'autres caractéristiques, telles que des seins, qui suggèrent que certaines de ces figures seraient des femmes. Il faut toujours rester prudent, car ce qui est couramment considéré comme « masculin » ou « féminin » aujourd'hui peut avoir beaucoup varié au cours d'une si longue période. Les formes d'apparence humaine sont également appelées anthropomorphes.

Les anthropomorphes des deux côtés de la stalactite drapée située dans la petite salle de la grotte de Tito Bustillo.

ANTHROPOMORPHES

Cachée dans une salle difficile d'accès de la grotte de Tito Bustillo, se trouve peut-être l'une des premières représentations de l'art de l'âge de glace qui nous ressemble. Nous n'avons aucune idée de ce que l'artiste voulait transmettre aux spectateurs de son temps, mais les figures anthropomorphes des images de gauche ressemblent davantage à des humains qu'à n'importe quel autre animal dans la nature. Une stalactite presque **translucide** en forme de drapeau pend du plafond au centre de la petite salle, et sur cette formation rocheuse extraordinaire l'artiste a peint un anthropomorphe masculin d'un côté et une femme de l'autre. La calcite recouvrant les images date d'au moins 30.000 ans, voire plus, et le charbon de bois provenant du foyer de cette salle a été daté à environ 37.000 ans.

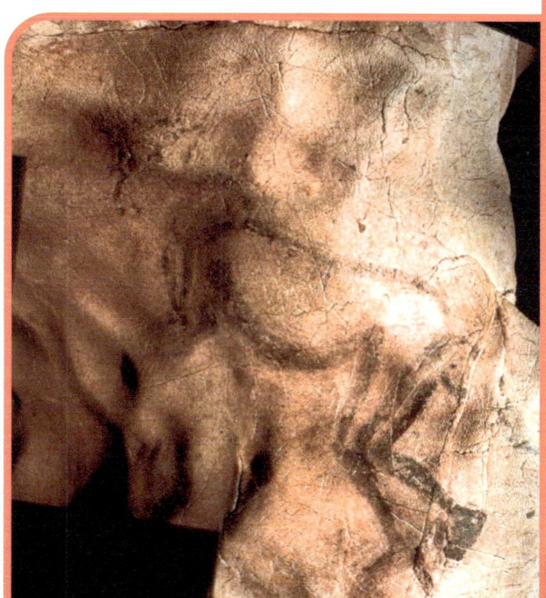

THÉRIANTHROPES OU FIGURES COMPOSITES

Les figures de thérianthropes sont extrêmement rares par rapport aux milliers d'autres images connues de l'ère glaciaire. Leur rareté peut laisser penser qu'elles servaient à quelque chose de spécial, d'autant plus qu'elles se trouvent souvent dans des endroits difficiles d'accès ou dans de petites salles cachées au fond des grottes. Ces figures étranges apparaissent comme des animaux fantastiques ou imaginaires et sont probablement une **métaphore** d'un message social important ou d'une croyance qui devait être transmise au public. L'image ci-dessus, connue sous le nom de « sorcier », est un étrange mélange de créatures, mais qui ne ressemble en rien à un animal réel. Elle est née de l'imagination de quelqu'un. Le fait de lui donner le titre de « sorcier » implique que nos ancêtres de l'ère glaciaire croyaient en des **êtres surnaturels**, mais était-ce bien le cas ? La question reste posée !

SIGNES GÉOMÉTRIQUES

La troisième catégorie d'images, connue sous le nom de
« signes », comprend un large éventail de formes géométriques.
Les plus simples, les points et les lignes, se retrouvent partout
dans les images de l'âge de glace, alors que les signes plus
complexes ont tendance à être limités à des périodes ou à
des régions particulières. Peut-être s'agissait-il de symboles
permettant d'identifier un groupe ou une communauté.

Qui étaient les artistes ?

On nous demande souvent si des enfants sont à l'origine de l'art glaciaire et si les artistes étaient des hommes ou bien des femmes. Voici ce que nous savons.

Il est évident que la grande majorité de l'art pariétal a été produit par des adultes, comme en témoignent l'expertise et la maîtrise requises, ainsi que les lieux où il a été réalisé. Cependant, il existe certains endroits ornés dans les grottes qui n'étaient accessibles qu'aux enfants – ou à un adulte de très petite taille ! Nous savons également que des enfants sont à l'origine de certaines mains négatives (pochoirs de mains) et de certaines marques réalisées avec les doigts (voir p. 40), dans certains cas après avoir été soulevés pour les faire. En ce qui concerne l'art mobilier, des études ont montré que certaines images ont clairement été réalisées par des débutants maladroits, probablement des jeunes. Maintenant, pouvons-nous déterminer si les artistes adultes étaient des hommes ou des femmes ? C'est parfois possible : par exemple, les images de bisons sur le plafond d'Altamira sont réalisées avec des traits si larges que seul un homme adulte – ou une femme exceptionnellement grande ! – peut les avoir produites. Et dans l'abri sous roche sculpté de Cap Blanc, l'étude des coups qui ont formé les sculptures suggère que l'artiste était probablement gaucher. Une sépulture située devant le centre de la frise était celle d'une jeune femme. L'analyse de ses os suggère qu'elle était gauchère, elle a donc très bien pu sculpter la frise ! Mais mis à part ces cas particuliers, nous ne sommes presque jamais sûrs du genre des artistes. En ce qui concerne les mains négatives, par exemple, si les grandes mains masculines sont aisément reconnaissables, il existe un chevauchement important entre celles des femmes et celles d'hommes jeunes ou de petite taille.

ART MOBILIER

Des images mobilières (portables) datant de l'ère glaciaire ont été découvertes avant celles de l'art sur paroi, mais rappelons quand même que de nombreux objets d'art ont dû être fabriqués à partir de matériaux **périssables** qui n'ont par conséquent pas survécu : bois, écorce, plumes, fibres ou peaux, ainsi que des coiffures ou des décorations corporelles telles que des tatouages.

La grande majorité des images mobilières parvenues jusqu'à nous sont gravées ou sculptées sur de la pierre, de l'os, du bois de cerf ou de l'ivoire. L'une des premières découvertes majeures, en 1864, fut la représentation d'un mammouth gravée sur un morceau de défense de mammouth. Il s'avère que c'est un phénomène très courant dans l'art glaciaire, que de dessiner

Duruthy : renne gravé sur une scapula (omoplate) de renne.

l'image d'un animal sur un morceau de cet animal, comme un cerf élaphe gravé sur des omoplates de cerf élaphe. En Espagne, on trouve même une baleine gravée sur une dent de baleine !

Parmi les images les plus courantes de l'âge glaciaire, on connaît de nombreuses gravures sur pierre, souvent sur des dalles plates appelées « plaquettes ». Des centaines d'entre elles ont été récoltées dans certains sites. Par exemple, dans l'abri sous roche de La Marche, plus de 2.000 pierres gravées pesant environ 4 tonnes au total ont été déterrées, certaines provenant de lieux situés à environ 30 km. Elles sont décorées de magnifiques représentations des principaux animaux de l'ère glaciaire, mais certaines d'entre elles recèlent aussi les meilleurs dessins d'humains que nous ayons de cette période (voir p. 17-18).

Deux contours découpés de tête de cheval trouvés dans la grotte de Tito Bustillo, dans les Asturies (Espagne).

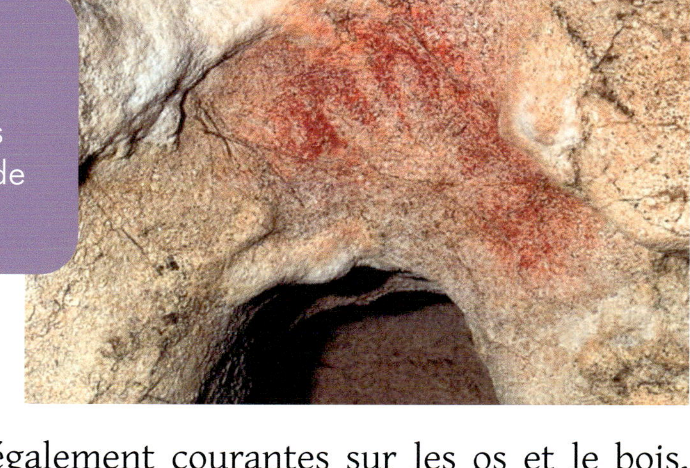

La seule main négative (pochoir) de la grotte de Tito Bustillo, placée dans une concavité naturelle de la paroi de la grotte.

Les gravures sont également courantes sur les os et le bois, même si des expériences montrent que les os frais sont difficiles à graver et qu'ils nécessitent des outils extrêmement tranchants et beaucoup de force.

Vers la fin de la période glaciaire, on trouve des figures d'animaux et de poissons ainsi que des disques découpés dans des os fins. Les disques, souvent gravés, proviennent principalement d'omoplates, tandis que les têtes d'animaux sont souvent sculptées dans des os de langue de cheval, dont la forme naturelle ressemble déjà beaucoup au profil de la tête de cet animal. Des détails tels que les yeux et les museaux étaient généralement ajoutés dans un second temps. Beaucoup sont perforés et servaient probablement de pendentifs. Plusieurs exemplaires ont été trouvés dans la grotte de Tito Bustillo (voir ci-contre). Ils étaient saupoudrés d'ocre rouge et ont été retrouvés juste au-dessus du sol, sur une petite corniche en face de la seule main négative de la grotte.

Le bois de cerf servait parfois à produire des sculptures extraordinaires ; une zone grossièrement triangulaire à l'extrémité d'un bois pouvait être façonnée en forme de mammouth, de cheval, d'oiseau ou de faon. Il s'agissait de **propulseurs** miniatures (des outils servant à propulser des sagaies) qui n'étaient pas vraiment fonctionnels (les vrais propulseurs sont grands et fabriqués en bois) ; mais ces sculptures exigeaient tellement de temps, d'habileté et d'efforts qu'elles étaient peut-être des objets de prestige. A moins qu'il ne s'agisse plus simplement de jouets pour enfants.

Petit propulseur en bois de cerf provenant de Bruniquel, sculpté en forme de mammouth.

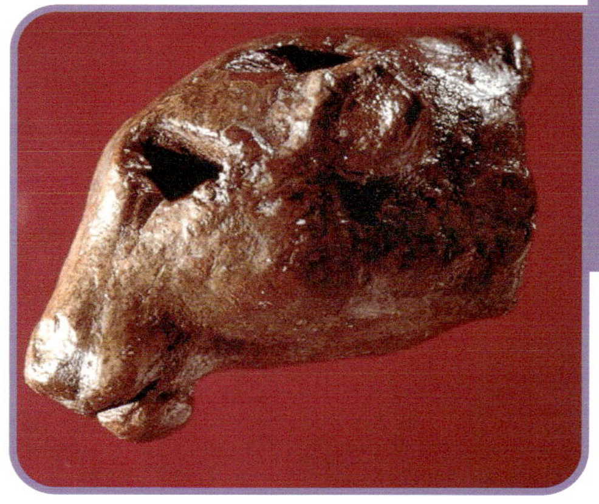

Les artistes de l'ère glaciaire ont également produit une grande variété de figurines. Les plus simples étaient faites d'argile cuite. Les hommes préhistoriques savaient-ils fabriquer de la poterie ? Oui, bien sûr ! Tout feu allumé sur le sol d'une grotte durcissait la terre argileuse autour de lui, et des morceaux d'argile cuite ont d'ailleurs été retrouvés autour des foyers. Malgré cela, aucune poterie n'a été découverte en Europe à l'époque glaciaire. Cela s'explique probablement par le fait que la poterie est lourde, encombrante et fragile, et difficilement transportable d'un endroit à un autre.

Sur plusieurs sites de plein air en République tchèque, où les gens ne vivaient pas dans des grottes, mais construisaient des huttes ou des tentes comme espaces de vie, des quantités considérables de petites figurines en **terre cuite** datant d'il y a environ 28.000 ans ont été conservées. Il y a 77 figurines plus ou moins intactes et plus de 10.000 fragments, principalement des animaux, mais aussi quelques figures humaines. Les tests scientifiques effectués sur ces figurines indiquent qu'elles ont été cuites dans un four ou dans un fourneau, car l'argile a atteint des températures comprises entre 500 et 800 degrés et placée, alors qu'elle était encore humide, dans la partie la plus chaude du feu.

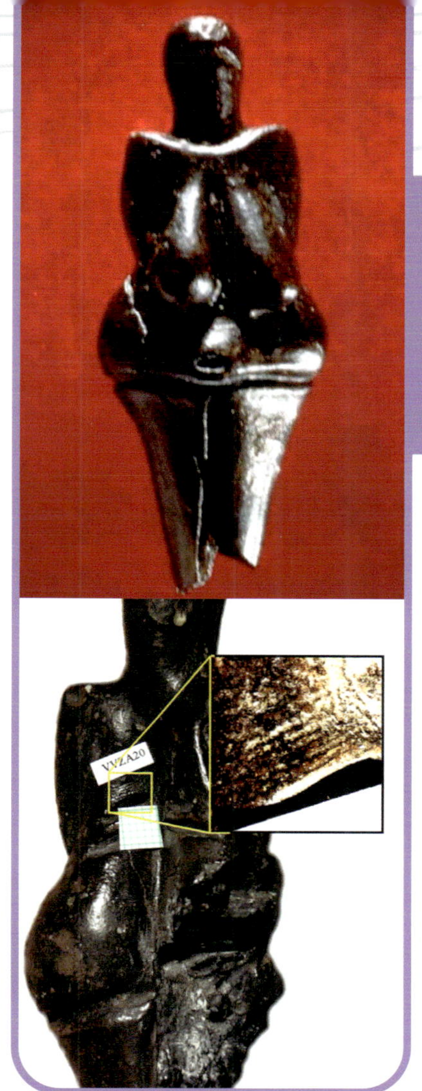

La figurine féminine de Dolní Vestonice (République tchèque). On trouve l'empreinte digitale d'un enfant sur le dos de la figurine, datant d'environ 25.000 ans.

Des empreintes digitales ont parfois été découvertes sur certaines de ces figurines en argile, notamment celles d'enfants âgés de 10 ans environ.

Les experts considèrent que la figurine féminine (voir ci-dessus) est une œuvre d'art trop magistrale pour avoir été réalisée par un enfant. Elle est en terre cuite et a été cuite dans un four, mais nous n'avons aucun moyen de savoir avec certitude qui en est l'auteur.

La figurine humaine en terre cuite de Maininskaya (Sibérie), haute de 96 mm et datant d'environ 16.500 ans. Il s'agit peut-être d'un jouet d'enfant.

Pensez-vous qu'un enfant aurait pu réaliser cette figurine ?

Les représentations détaillées d'êtres humains, et en particulier d'enfants, sont très rares dans l'art glaciaire, mais nous disposons d'un certain nombre d'objets portables, principalement mais pas exclusivement en ivoire de mammouth, qui représentent des femmes et peut-être des enfants. Ceux-ci ont été qualifiés à tort de « figurines de Vénus », car leur apparence est très variable et il est impossible d'estimer avec précision l'âge des femmes représentées. Cependant, les petites figurines sibériennes minces (voir illustration ci-contre) sont différentes de la plupart des autres figurines et pourraient en fait illustrer différentes étapes de la vie d'une fille/femme.

Ces figurines, généralement assez petites pour être tenues dans la main ou suspendues autour du cou ou à la ceinture, sont souvent considérées comme des figures **symboliques** de la mère ou d'un ancêtre féminin, ou bien comme des protectrices du foyer. Beaucoup ont été trouvées au centre des pièces à vivre, près de l'âtre ou dans des fosses funéraires, et c'est ce qui a conduit à cette **interprétation**. Il est en tout cas certain que dans l'**ethnographie** russe et sibérienne, l'utilisation de « poupées » féminines a joué un grand rôle dans la vie spirituelle et domestique des populations pendant des siècles. Mais il est aussi arrivé qu'on considère ces statuettes de l'ère glaciaire comme des symboles de **fertilité**, des poupées/jouets pour enfants, voire des talismans pour éloigner les mauvais esprits... En fait, les possibilités sont infinies. Vous avez peut-être vos propres idées à ce sujet ! Tout aussi intrigant est le fait de savoir qui les a fabriquées et à qui elles étaient destinées. Mais il est peu probable que nous connaissions un jour la réponse à cette question.

> **À votre avis, à quoi servaient ces figurines féminines ?**

Beaucoup des statuettes féminines les plus connues ont été sculptées dans de l'ivoire de mammouth, un matériau également utilisé pour fabriquer une grande variété d'objets tels que des perles, des bracelets et des figurines d'animaux. L'une des plus célèbres d'entre elles a été baptisée « l'homme-lion », mais il s'agit plus probablement d'un ours debout. Si c'est un jouet, il pourrait du coup s'agir du plus ancien ours en peluche au monde, mais sans peluche celui-là !

Comme nous l'avons vu, les peuples de l'ère glaciaire étaient habiles à travailler tous les matériaux à leur disposition et pouvaient même durcir les objets au feu lorsqu'ils en avaient besoin. Apparemment, beaucoup des objets d'art mobilier étaient fabriqués rapidement, puis jetés ou cassés. Mais d'autres semblent avoir été conservées précieusement et transportées longtemps.

Figurine en ivoire représentant un bison, provenant de Zaraisk (Russie).

Nous avons des preuves qui montrent que les peuples de l'ère glaciaire portaient des bijoux et décoraient leurs vêtements. Les objets qui ont survécu comprennent toutes sortes de perles faites à la main, des dents d'animaux et des coquillages qui étaient soit attachés à des vêtements ou à des coiffes, soit portés comme pendentifs, bracelets et autres objets aisément portables. Il a été suggéré que ces ornements pouvaient signifier pour ces gens leur **affiliation** à un groupe particulier (tout comme la peinture corporelle), ce qui était particulièrement utile à mesure que les populations grandissaient et que les réseaux de parenté se développaient.

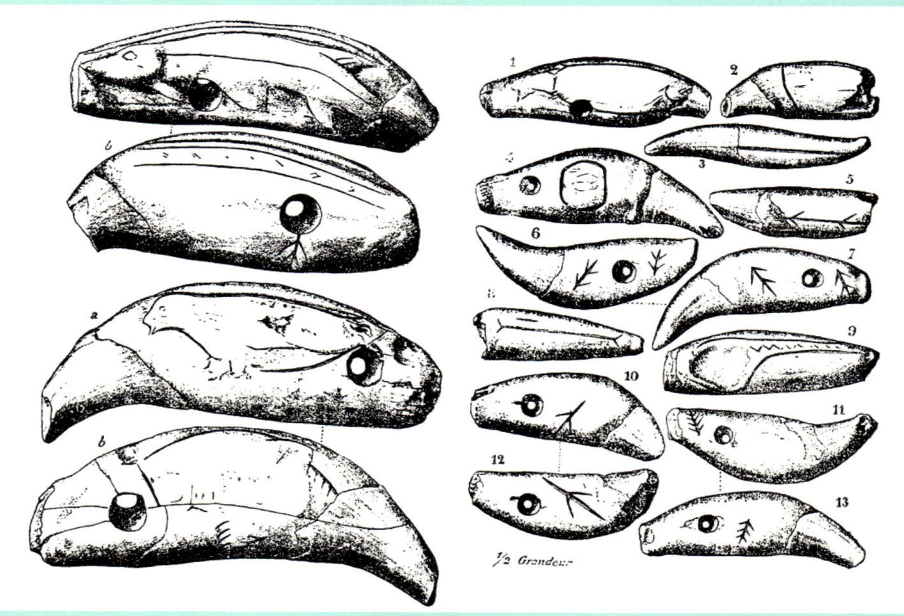

Un collier (ou une ceinture) composé de canines d'ours gravées, comprenant une représentation d'un phoque, d'un poisson et de harpons, trouvé sur un squelette enterré à Duruthy, dans les Landes.

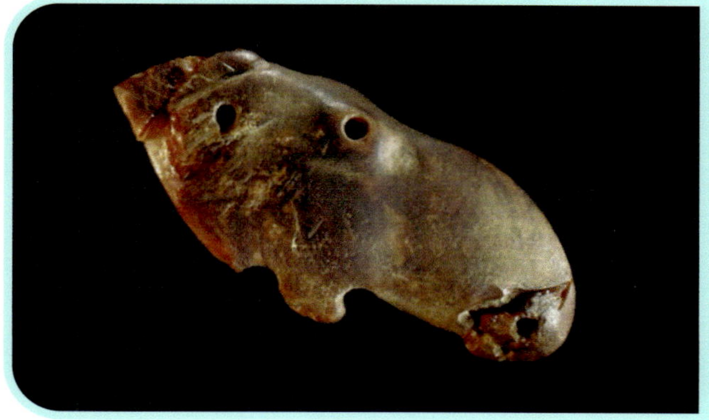

Tête d'élan en ambre perforée, longue de 4 cm, provenant du site en plein air de Weitsche (Allemagne). Âgée d'environ 14.000 ans.

PERLES

Des coquillages et des perles ont souvent été trouvés en grand nombre dans des tombes de l'ère glaciaire, après avoir été attachés à des vêtements qui se sont **désintégrés** depuis longtemps. Bien que la plupart des bijoux aient été trouvés dans des sépultures, nous savons qu'ils ne jouaient pas qu'un rôle d'objets funéraires, car on peut voir des colliers, des bracelets, des bracelets de cheville, des ceintures et des coiffes sur des figurines ou des images.

D'énormes quantités de perles ont été sculptées pendant l'âge de glace, en particulier dans les endroits où l'ivoire de mammouth était abondant. Par exemple, sur un site funéraire à Sunghir en Russie, où la communauté était spécialisée dans la chasse au mammouth, trois individus ont été découverts dans des tombes avec 14.000 perles d'ivoire autour de la poitrine, des épaules, des coudes, des poignets et des chevilles, qui avaient été attachées à des vêtements richement décorés.

On estime que chaque perle a nécessité 15 minutes de travail, ce qui représente plus de 3.500 heures de travail pour l'ensemble de la collection ! Si l'on suppose une journée de travail de six heures, cela signifie 583 jours pour une personne, ou 58 jours pour 10 personnes ! La fabrication de ces vêtements magnifiquement décorés a nécessité un travail considérable, et il est possible que toute la communauté ait participé à la fabrication de ces perles. Et ce n'étaient pas les seuls objets en ivoire fabriqués par la communauté : des bracelets, des pendentifs, des bagues, des brassards et des broches ont également été trouvés sur le site. Vue la qualité du travail, il devait nécessiter un long apprentissage, et on imagine très bien des enfants commençant à fabriquer des perles et à apprendre dès leur plus jeune âge tous les gestes de l'artisan.

D'autres matériaux délibérément perforés étaient aussi utilisés comme bijoux, tels que des **vertèbres** de poisson, des fossiles et des pierres exotiques comme l'ambre et la **stéatite**. On peut enfin supposer sans prendre trop de risques que les Cro-Magnon utilisaient également des plumes, des serres et des griffes d'oiseaux, puisque les Néandertaliens le faisaient déjà bien avant eux.

Les dents d'animaux, perforées à la racine, sont principalement des incisives de bovins et de chevaux, ainsi que des canines de renards, de cerfs, de loups, d'ours et de lions. Dans plusieurs sépultures européennes datées d'environ 30.000 ans, des dizaines de dents de renard ont été trouvées, sans doute fixées à des coiffes ou à des vêtements.

Rhombe en os gravé de motifs géométriques/linéaires et recouvert d'ocre rouge, provenant de La grotte de la Roche à Lalinde en Dordogne. Longueur : 18 cm, largeur : 4 cm. ▶

FAISAIENT-ILS DE LA MUSIQUE ?

On suppose que les Hommes de l'âge de glace chantaient et dansaient, mais ces activités ne se fossilisent pas ! Heureusement, certains instruments de musique de cette période ont survécu. On connaît environ 30 « flûtes », principalement fabriquées à partir d'os d'oiseaux creux et dotées de plusieurs trous pour les doigts le long du tube. Elles ressemblent aux flûtes à bec ou aux sifflets modernes. Il existe également des rhombes, des objets ovales en os ou en ivoire, avec un trou à une extrémité. Lorsqu'on les fait tourner autour d'une ficelle, ils émettent un bourdonnement puissant.

Dans plusieurs grottes, on trouve enfin des « lithophones » : des stalactites ou des draperies de calcite qui résonnent facilement. Lorsqu'on les frappe avec un objet dur (en particulier des bâtons en bois), elles produisent des notes claires et résonantes. Or, nous savons que les peuples de l'âge de glace les utilisaient, car certaines sont abîmées ou carrément cassées, tandis que la plus grande, trouvée dans la grotte de Nerja en Espagne, est décorée de lignes et de points peints.

Une grande partie de l'activité artistique, probablement constituée de matériaux périssables, est absente des **archives archéologiques**. Le bois est un matériau **organique** important qui, avec l'écorce, les fibres, les plumes et les peaux d'animaux, a sans doute été utilisé pour fabriquer des objets fonctionnels et décoratifs. Mais presque tout ce qui date de la dernière période glaciaire a disparu depuis longtemps. Heureusement, un exemple surprenant d'objet en bois vieux d'environ 12.000 ans a survécu jusqu'à nous : l'idole de Shigir, découverte en 1890 dans une tourbière de l'Oural russe. C'est une sculpture monumentale, réalisée à partir d'un tronc de mélèze. Sa tête est sculptée en **trois dimensions**, ce qui lui donne une apparence humaine, et elle mesure 5,3 m de haut.

Notez simplement que l'on ignore toujours comment les arbres étaient abattus à l'époque glaciaire, car il existe très peu d'outils de coupe, telles des haches, capable d'accomplir une tâche aussi harassante. Peut-être utilisaient-ils des arbres tombés naturellement, ou mettaient-ils le feu à la base. Toujours est-il qu'ils construisaient sans doute beaucoup d'objets en bois, Des sagaies, peut-être aussi des traîneaux et des bateaux (ou radeaux) simples, et toutes sortes d'objets à la fois utiles et décoratifs.

L'« idole» de Shigir reconstituée en 1894.

Un grand panier tissé (92 litres) provenant de la grotte de Muraba'at (Israël).

Empreinte d'un textile sur un mur de la grotte Cosquer.

TRAVAIL DES FIBRES ET DES MATIÈRES VÉGÉTALES

Sans surprise, il existe très peu d'exemples de matériaux souples datant de l'âge de glace, car ces matériaux se détériorent très rapidement, tout comme le bois. Cependant, quelques spécimens nous sont parvenus, qui nous fournissent **la preuve** que les Cro-Magnon avaient développé dès cette époque une technologie des fibres qui allait radicalement changer leur capacité à pêcher au filet, à stocker dans des paniers, à transporter dans des sacs et à porter des vêtements en textile pendant les mois les plus chauds de l'année.

Le panier de Muraba'at, muni de deux couvercles tissés, a été trouvé enfoui dans le sol sous un mètre de terre sableuse (fig. ci-dessus). Les archéologues qui ont découvert le panier supposent qu'il a été enterré afin de préserver son contenu du climat chaud d'Israël. Ce panier a environ 10.500 ans, soit la fin de la période glaciaire, mais il est possible qu'un tel savoir-faire soit en fait plus ancien.

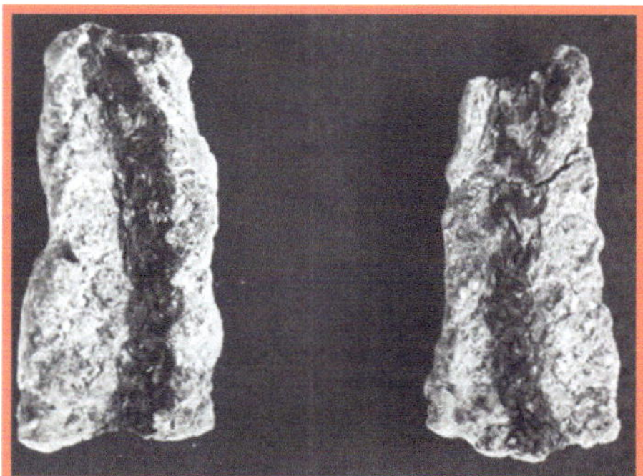

Fragment de corde provenant de la grotte de Lascaux, probablement fabriquée à partir de fibres végétales. Il s'agit d'une corde à trois brins, longue de 30 cm et d'un diamètre de 7 à 8 mm.

TECHNIQUES UTILISÉES DANS L'ART PARIÉTAL

La maîtrise de l'art pariétal nécessite une variété surprenante de techniques ! L'une des caractéristiques les plus marquantes de l'art pariétal du dernier âge glaciaire est l'intégration du relief des parois dans les dessins ; parfois, c'est simplement l'œuvre de la nature qui a été « complétée » par l'artiste, en ajoutant des lignes gravées ou des détails peints. Parmi les exemples les plus spectaculaires, on peut citer les grandes figures de bisons en 3D peintes sur les bosses naturelles du plafond d'Altamira. (Voir illustration en face de la p. 1)

L'artiste a observé une forme naturelle dans la paroi de la grotte et a ajouté un œil rouge et des pattes pour compléter l'image d'un oiseau. Grotte de La Pasiega, nord de l'Espagne.

Un autre excellent exemple est la figure du « bison » ou « homme bison » dans la grotte d'El Castillo. En utilisant la forme naturelle d'une grande stalagmite pour le dos de l'animal, puis en gravant et en soulignant les contours avec de la peinture, l'artiste a pu mettre en valeur la tête, la patte arrière et la queue d'un bison. Le sommet de la stalagmite ressemble beaucoup à son crâne

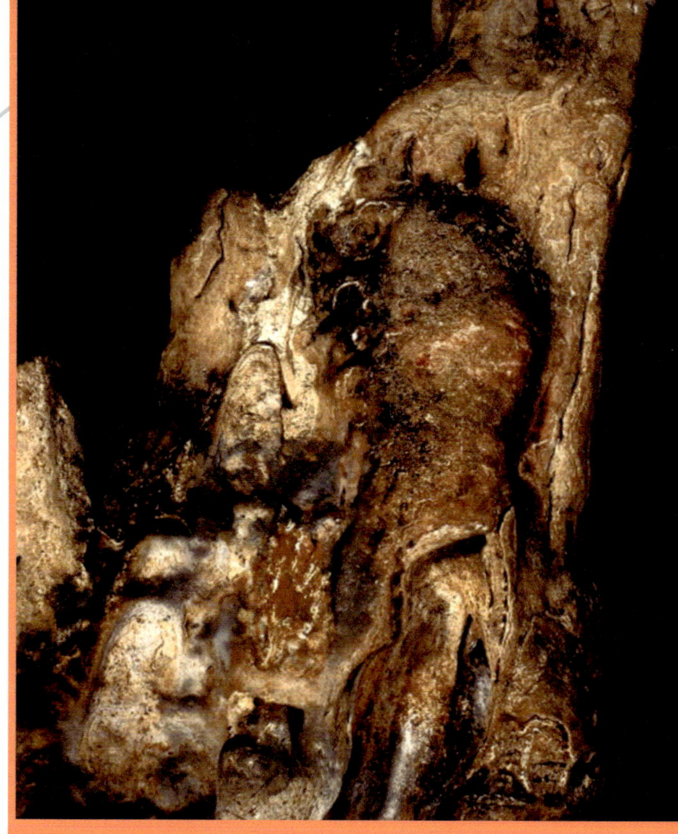

La figure de bison sur une grande stalagmite dans la grotte d'El Castillo.

et à sa corne, et projette une ombre spectaculaire lorsqu'il est correctement éclairé. Essayez d'imaginer à quoi cela devait ressembler à la lueur vacillante d'une torche ! Ça devait être passionnant à regarder pour les enfants, surtout si le spectacle s'accompagnait d'histoires et de musique.

A d'autres endroits, on trouve des animaux qui semblent émergent ou au contraire disparaître dans de grandes fissures ou dans des crevasses des parois. On peut imaginer à quel point cela devait être passionnant à observer, surtout quand des ombres inquiétantes balayaient les parois. Notre amour du suspense et du mélodrame a probablement des origines très anciennes !

La façon la plus simple de marquer les murs était de passer un ou plusieurs doigts dessus, ce qui laissait des traces dans la couche superficielle molle.

On appelle cela des tracés digitaux (ou parfois méandres, « macaronis » ou serpentins) et cette technique est probablement très ancienne. Certains pensent même qu'elle a été inventée par les Néandertaliens et qu'elle s'est ensuite perpétuée jusqu'à la fin de l'âge de glace. Cette méthode ne nécessite aucun outil et les **chercheurs** ont démontré que ce sont de très jeunes enfants qui ont réalisé certains des tracés digitaux découverts au fond des grottes. À Rouffignac, les tracés digitaux ont été réalisées par des enfants âgés de 2 à 5 ans assis sur les épaules d'un adulte. Pourquoi a-t-on porté des enfants en bas âge, alors qu'ils auraient tout aussi bien pu faire des marques sur les parties inférieures des parois de la grotte ? Peut-être s'agissait-il simplement d'un jeu, nous ne le saurons jamais. D'ailleurs, nous ne sommes même pas sûrs que tous ces tracés digitaux datent tous de l'ère glaciaire. Mais c'est probable : après tout, ils se cachent au fond de grottes sombres, au sol irrégulier, et seule la lumière de torches permet de les éclairer (voir p. 61).

Trouveriez-vous amusant de faire des tracés digitaux avec les doigts dans une grotte sombre ?

Les parois de la plupart des grottes étant trop dures pour permettre à nos ancêtres de se servir uniquement de leurs doigts, des outils ont aussi été utilisés pour graver le calcaire. Pour les lignes profondes et les sculptures en bas-relief, on utilisait des pics en pierre. Mais la grande majorité des gravures pariétales – de loin la technique la plus courante dans l'art pariétal de l'ère glaciaire – étaient des lignes très fines, réalisées à l'aide de silex tranchants.

Il est important de noter que les gravures fines sont presque invisibles lorsqu'elles sont éclairées de face, et qu'elles « ressortent » uniquement lorsqu'elles sont éclairées de côté. Les artistes avaient donc besoin d'une source de lumière latérale pour éviter que l'ombre de leur main ne masque ce qu'ils faisaient, et cela permet parfois de déterminer si les artistes étaient droitiers ou gauchers : les artistes droitiers ont tendance à placer leur source de lumière à gauche et c'est justement par la gauche que la plupart des gravures de l'ère glaciaire sont les mieux éclairées !

Quelques grottes des Pyrénées françaises et du nord de l'Espagne contiennent également des figures animales gravées dans le sol argileux. Même si cette manière de faire était probablement assez courante, on connaît peu d'exemples de ce type, les visiteurs ultérieurs les ayant souvent piétinés et **oblitérés**.

Toutes les grottes contiennent de l'argile mais, curieusement, les œuvres en argile se trouvent presque exclusivement dans les grottes des Pyrénées françaises. Elles vont des gravures aux **bas-reliefs**, en passant par les modelages ; à ce sujet, on peut citer l'ours sans tête ressemblant à un sphinx dans la grotte de Montespan et, surtout, les deux magnifiques bisons en **haut-relief** du Tuc d'Audoubert. Ces derniers ont été modelés avec les doigts, puis façonnés à l'aide d'une sorte de spatule ; enfin, un objet pointu a été utilisé pour réaliser les yeux, les narines, la bouche, la crinière, etc.

Presque toutes les grottes décorées étant constituées de calcaire, il est tout aussi étrange que les sculptures en bas-relief soient limitées à certaines régions de France (Dordogne, Charente) et d'Angleterre (Creswell Crags – voir p. 44). Alors que les figurines en argile ne se trouvent (ou n'ont survécu) que dans les profondeurs obscures des grottes, les sculptures se trouvent toujours dans des abris sous roche ou dans les parties éclairées à l'avant des grottes. Nous ne savons pas pourquoi il en est ainsi, car les artistes étaient clairement capables de travailler pendant de longues périodes au fond des grottes, où ils apportaient avec eux d'excellentes sources de lumière.

Comme nous le verrons (p. 63), certains des outils utilisés pour créer la grande frise sculptée d'Angles-sur l'Anglin ont été retrouvés : des burins massifs, des meules et des spatules. Il est intéressant de noter que sur tous les sites sculptés français, des traces de pigments (rouges et noirs) ont survécu sur les bas-reliefs, ce qui suggère que ces sculptures étaient à l'origine peintes de couleurs vives. Elles devaient être très visibles, même de loin.

Les mains négatives et les mains positives sont parmi les premières formes d'art des Néandertaliens et des humains modernes.

El Castillo, en Cantabrie (Espagne), est une très grande grotte qui contient de nombreuses images datant de différentes périodes de la dernière glaciation. Une particularité majeure de cette immense grotte réside dans la centaine de disques rouges de différentes tailles qui ont été peints dans un passage du fond, dans les plis naturels de la paroi rocheuse.

Mains négatives dans la grotte de La Garma, au nord de l'Espagne.

Pensez-vous que les mains négatives et positives constituent de l'art ?

Main négative d'enfant trouvée dans la grotte de Maltravieso (Espagne), réalisée à l'aide d'ocre violette.

Art pariétal en Grande-Bretagne

Plusieurs décennies après la découverte de l'art pariétal de l'âge glaciaire, on pensait toujours qu'il n'existait qu'en Espagne et qu'en France, ou presque. Pourtant, il n'y avait aucune raison de douter qu'il puisse également exister en Grande-Bretagne, où se trouvent d'importants sites d'occupation de cette période, et même quelques œuvres d'art mobilier ; et puis bien sûr, pendant l'âge de glace, la Manche n'existait pas – la Grande-Bretagne était simplement le nord-ouest de la France ! En 2003, des archéologues ont effectué des recherches dans certaines grottes de la période glaciaire en Grande-Bretagne. Ils savaient qu'il était peu probable de trouver des peintures, car celles-ci sont généralement très visibles et quelqu'un les aurait déjà repérées. En revanche, les gravures ne sont parfois visibles que sous un éclairage oblique (voir p. 41) et personne n'avait jamais exploré les grottes britanniques avec cette idée en tête.

Le résultat fut la découverte de toute une série de gravures dans la grotte de Church Hole à Creswell Crags, à la frontière entre le Derbyshire et le Nottinghamshire. Datant d'environ 14.000 ans, elles comprennent un grand cerf, un bison et un ibis en bas-relief sur le plafond de la grotte. Il s'agit du seul art pariétal glaciaire connu à ce jour en Grande-Bretagne (même si l'on espère en trouver d'autres à l'avenir) et il est ouvert aux visiteurs !

Cet ibis en bas-relief, totalement unique, se trouve sur le plafond de Church Hole. Il s'agit du seul art pariétal de l'âge de glace connu en Grande-Bretagne et il a été découvert par l'un des auteurs (PB).

Dès que l'**authenticité** de l'art pariétal datant de la fin du Paléolithique a été confirmée, des analyses ont été effectuées afin d'identifier les pigments utilisés par ces artistes anciens. En 1898, des échantillons ont été prélevés sur les parois de plusieurs grottes ornées et analysés en laboratoire. Il a été ainsi prouvé que le pigment rouge utilisé était de l'oxyde de fer (hématite ou ocre rouge).

Une palette de pigments dans la grotte de La Pasiega, en Espagne.

À Altamira, Sanz de Sautuola avait trouvé, parmi les os et les coquillages qu'il avait déterrés dans la grotte, des morceaux d'ocre rouge qui, selon lui, auraient pu être utilisés pour peindre le plafond.

Ces premières analyses avaient aussi montré que la peinture noire était constituée de dioxyde de manganèse. Cependant, on a découvert plus tard que ce n'était pas toujours le cas et que les hommes préhistoriques utilisaient en fait très souvent du

charbon de bois, provenant par exemple de branches de genévrier ou de pin (les cellules végétales, visibles au microscope, sont facilement identifiables), ou alors du charbon animal provenant de poudre d'os brûlé, de corne ou même de dents ! Parfois, les deux composants – manganèse et charbon de bois – étaient mélangés.

Les artistes de l'ère glaciaire ne disposaient que de quatre couleurs de base : le rouge, le noir, le marron et le jaune, mais aussi de deux couleurs plus rares, le blanc et le violet. On a parfois supposé que ces artistes utilisaient des verts et des bleus extraits de plantes, et que ces couleurs n'avaient pas survécu. Mais ce n'est pas le cas et nous savons maintenant que, pendant l'ère glaciaire en Europe, les plantes n'étaient pas utilisées pour fabriquer des pigments. À Tito Bustillo, un pigment violet a été utilisé, qui était un mélange naturel d'ocre et de manganèse provenant de l'intérieur de la grotte (voir ci-dessus).

Sous la grande frise de Tito, on a trouvé des colorants dans des coquilles de patelles (des coquillages) utilisées pour les mélanger. Cela se faisait généralement avec de l'eau trouvée dans la grotte. Les matières colorantes étaient souvent trouvées dans la grotte même ou bien collectés dans les environs. Mais parfois, de l'ocre « spéciale » était ramenée de plus loin. Un exemple nous vient de l'ocre utilisée dans la grotte d'El Mirón, dans le nord de l'Espagne, qui est riche en **cristaux d'hématite**, ce qui lui confère un effet intensément scintillant. La source de ce pigment se trouvait à 20 km de la grotte.

COMMENT LES PIGMENTS ÉTAIENT-ILS APPLIQUÉS SUR LES PAROIS DES GROTTES ?

La méthode la plus simple consistait à utiliser les doigts, ce qui s'est parfois produit. Dans toute une série de grottes du nord de l'Espagne, par exemple, des figures d'animaux ont été dessinées à l'aide de points rouges qui étaient appliqués avec les doigts et les pouces.

Cependant, la peinture était le plus souvent appliquée à l'aide d'un outil. Comme ni pinceau ni aucun autre instrument de cette période n'ont été conservés, ce sont des expériences récentes qui ont permis de déterminer quels outils étaient effectivement utilisés. Certains morceaux de pigment ont la forme de « crayons » et ont peut-être servi à esquisser des contours, mais ils ne marquent pas bien la roche et s'usent très rapidement. Les morceaux de pigment étaient principalement utilisés pour fabriquer de la poudre : broyés et moulus, ils étaient transformés en pâte ou en liquide.

Des expériences menées avec différents types de pinceaux suggèrent que c'est avec des pinceaux en poils d'animaux

(en particulier de blaireau) ou des fibres végétales broyées ou mâchées que les lignes solides, précises et régulières sont obtenues. Les pinceaux en poils humains sont trop souples et fragiles. Les tampons en fourrure de bison transfèrent efficacement la couleur sur la roche, mais deviennent rapidement mous et inutilisables.

Néanmoins, des tampons ont clairement été utilisés dans certaines grottes, par exemple à Lascaux, où certaines surfaces murales sont bosselées comme un chou-fleur et où, une fois les contours des figures tracés (probablement au crayon ou au pinceau), le remplissage a été effectué à l'aide de centaines de points circulaires réalisés à partir de tampons et de poudre humidifiée.

Parfois, la peinture était étalée sur la paume de la main, laquelle était ensuite appliquée sur la paroi, laissant ce qu'on appelle une « main positive ». Cependant, la grande majorité des mains dans les grottes de l'âge de glace sont des « mains négatives », c'est-à-dire des pochoirs. Elles ont été réalisées à l'aide d'une autre méthode d'application de la peinture liquide : en la crachant ou en soufflant de l'air sur le dessus d'un récipient contenant la peinture, ce qui la propulse sous forme de spray.

Michel Lorblanchet, célèbre spécialiste de l'art rupestre, réalisant une main négative par crachis.

Il est important de garder à l'esprit que les gravures et les dessins au trait étaient faciles et rapides à réaliser pour un artiste expérimenté, et ne nécessitaient que très peu d'équipement, à part une source d'éclairage (voir p. 52). Mais pour produire des peintures dans l'obscurité totale des profondeurs, les pigments et les outils devaient sans doute être minutieusement préparés à l'avance.

ÉCHAFAUDAGES

Certaines parois et certains plafonds étaient facilement accessibles. À Altamira ou à Rouffignac, les artistes étaient même obligés de s'accroupir, ce qui devait d'ailleurs les empêcher d'embrasser toute la paroi d'un seul coup d'œil. Mais comment faisaient-ils pour atteindre les parois ou les plafonds élevés ? Il était parfois possible de se tenir en équilibre sur des rochers ou sur des corniches, mais pour

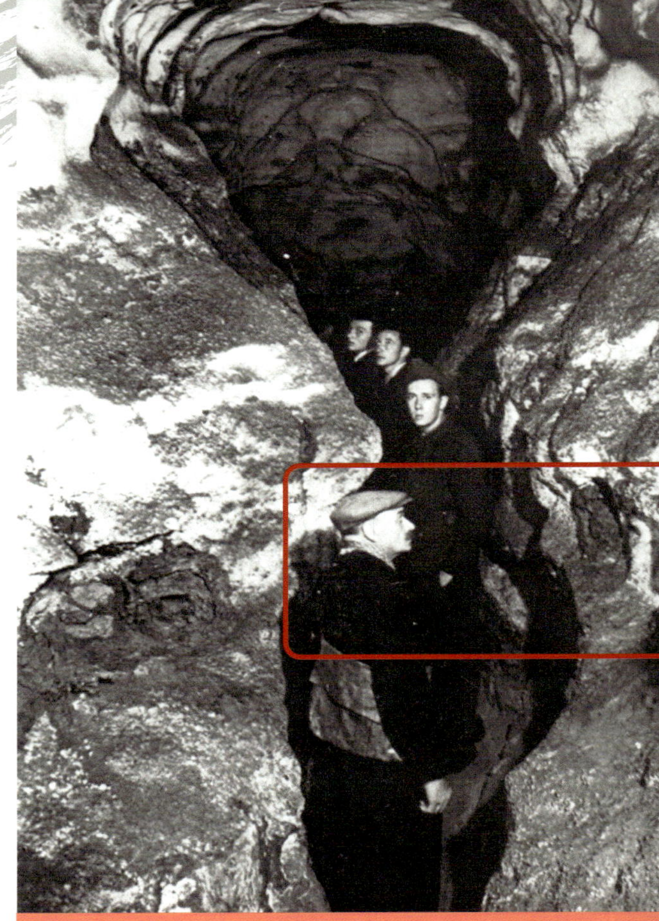

Photo de Lascaux avec les trous des échafaudages.

des œuvres vraiment monumentales comme le grand cheval de Labastide, placé sur un rocher à 4 mètres de hauteur (voir fig. p. 15), il fallait utiliser des échelles (peut-être des troncs d'arbres dont les branches coupées servaient de barreaux) ou des échafaudages. Dans la galerie axiale de Lascaux, on a dénombré une vingtaine de cavités creusées dans la roche des deux côtés, à environ 2 mètres au-dessus du sol, et remplies d'argile. Ces trous d'environ 10 cm de profondeur suggèrent que des branches suffisamment longues pour enjamber le passage y ont été insérées et cimentées à l'aide d'argile compactée. Ces solives étaient suffisamment solides pour soutenir une plate-forme permettant ensuite d'accéder facilement aux parois supérieures et au plafond.

Une grotte aux 170 mammouths... éléphantesque !

L'immense grotte de Rouffignac est très différente des autres grottes ornées. Elle ressemble à un tunnel massif, sans stalagmites ni stalactites. Son sol d'origine était recouvert d'une argile collante qui rendait épuisante la longue marche jusqu'aux images (qui commencent à 700 m de l'entrée). Raison pour laquelle un train électrique a été installé en 1959, facilitant grandement les visites. Mais le caractère unique de Rouffignac vient aussi du fait que son imagerie est largement dominée par le mammouth : on en connaît environ 170 à l'heure actuelle, mais de nouveaux sont encore régulièrement découverts. Cela signifie qu'environ un tiers de toutes les représentations de mammouths connues dans l'art rupestre de l'ère glaciaire se trouvent sur ce site ! Certaines sont gravées ou dessinées au doigt sur les parois tendres, tandis que d'autres sont dessinées avec des contours noirs. Pourquoi pensez-vous que tant de mammouths ont été représentés ici, plutôt que des chevaux ou des bisons comme dans d'autres grottes ? Une explication possible repose sur tous ces mythes et ces légendes que l'on trouve dans le monde entier et qui évoquent des animaux ayant un jour émergé du monde souterrain pour commencer leur vie à la surface. Or, quoi de mieux que le grand tunnel de Rouffignac pour faire émerger des mammouths ?

Rouffignac : une gravure de mammouth surnommée le « patriarche ».

COMBIEN DE TEMPS CELA A-T-IL PRIS ?

Pour un artiste confirmé, des gravures et des dessins au trait sont rapides et faciles à réaliser. Peindre, c'est une autre affaire. Préparer les matériaux nécessite un temps considérable, et les panneaux les plus élaborés ont sans doute nécessité plusieurs jours pour un seul artiste. Le panneau représentant un cheval tacheté au Pech Merle (peint il y a environ 25.000 ans, voir couverture) a été **répliqué** par le spécialiste français de l'art pariétal, Michel Lorblanchet. Mains négatives comprises, il lui a fallu 32 heures (5 jours) pour le terminer. Il a utilisé ses mains en guise de pochoir, ce qui lui a permis d'obtenir à sa guide des contours nets ou flous. Et il a constaté que souffler à travers un tube (ou un os creux) peut fonctionner pour les mains négatives, mais que pour les grands panneaux, seul le crachis avec la bouche était efficace. Pour la couleur noire, il n'a utilisé que du charbon de bois, le dioxyde de manganèse étant **hautement toxique**.

S'ÉCLAIRER

Comment les Hommes de l'ère glaciaire s'éclairaient-ils lorsqu'ils pénétraient dans des grottes sombres et qu'ils y réalisaient des images ? L'art mobilier a peut-être été entièrement produit à la lumière du jour, de même que la décoration des abris sous roche, mais le travail à l'intérieur des grottes nécessitait une source de lumière fiable.

Dans certains cas, nous savons que des feux étaient allumés au pied d'un panneau décoré, et certaines grottes du sud de l'Espagne semblent avoir eu des « lampes fixes » sous la forme de feux au sommet de grandes stalagmites. Mais dans l'ensemble, il y avait deux options : les torches et les lampes à graisse.

Des torches allumées ont certainement été utilisées, en particulier dans les grandes grottes, bien qu'elles n'aient laissé que peu ou pas de traces, à l'exception de quelques fragments de charbon ou de marques noires sur les murs. Pendant longtemps, on a supposé que ces marques étaient des « essuyages », faits en essayant de raviver la torche, mais en fait, la meilleure façon de raviver une torche est tout simplement de l'agiter ; ces marques sur les parois ont probablement été laissées par accident.

Dans le cadre d'une expérience, un scientifique a marché pieds nus jusqu'au fond de l'immense grotte décorée de Niaux, dans les Pyrénées françaises, soit une distance de 2 km, en transportant six torches en bois de pin, chacune mesurant 80 cm de long et recouverte de cire d'abeille. Il a allumé la première torche avant d'entrer. Marchant lentement, il a parcouru les 4 km aller-retour en 3 heures, sans manquer de lumière. Chaque torche dégageait une flamme jaune orangé qui fournissait suffisamment de lumière pour marcher.

En ce qui concerne les lampes, tous les spécimens connus sont en pierre. Quelques-uns sont magnifiquement sculptés, mais la majorité sont de simples pierres creusées, voire de simples dalles plates. Certaines de celles qui ont été trouvées contiennent encore des résidus qui révèlent que le combustible

utilisé était de la graisse animale ou de la moelle osseuse, tandis que les mèches étaient soit des feuilles de genévrier, soit de la mousse. Des expériences ont montré que 500 g de graisse permettent à une lampe de fonctionner pendant 24 heures. La graisse animale ne dégage pas de suie, ce qui explique pourquoi il n'y en a pas sur les dessins des grottes. La lumière produite par ces lampes est assez faible, même par rapport à une bougie moderne. La flamme est généralement instable et tremblante.

Cela signifie que pour éclairer les plus grands panneaux, les Hommes de l'époque devaient nécessairement utiliser plusieurs lampes à la fois. Le plafond d'Altamira ou la salle des taureaux de Lascaux en ont sans doute nécessité des dizaines. Aujourd'hui encore, il est préférable de visiter les grottes ornées avec une lumière faible, idéalement une torche vacillante, cela rend l'expérience beaucoup plus authentique. Les images n'ont jamais été vues, et n'étaient pas destinées à être vues, avec une lumière électrique forte et statique. Si vous avez la chance de faire une telle visite, vous verrez que la flamme vacillante produit des effets de lumière et d'ombre étonnants, et donne souvent l'impression que les animaux prennent vie et se mettent à bouger.

Dans la grotte Chauvet, certaines figures ont été dessinées en équilibre précaire sur des rochers ou des stalagmites, une main servant à se tenir et l'autre à dessiner. Cela signifie donc que la source de lumière devait se trouver ailleurs. Il y avait soit un foyer fixe, soit un compagnon qui tenait la torche (ou la lampe).

La principale différence entre les deux méthodes d'éclairage est que les torches éclairent dans toutes les directions, tandis que les lampes éclairent principalement ce qui se trouve au-dessus d'elles, ce qui peut rendre la marche difficile sur un sol irrégulier. Par contre, les torches sont impossibles à utiliser dans les endroits où il faut se faufiler dans des passages étroits. Quelle que soit la méthode utilisée, il est évident que tout visiteur d'une grotte à l'âge de glace se devait d'emporter du combustible de rechange, ainsi qu'un kit pour faire du feu en cas d'accident ou si la torche/lampe s'éteignait !

Même armé de torches ou de lampes, avec une réserve abondante de graisse et de mèches, s'aventurer dans les profondeurs reculées des grandes grottes n'est jamais sans risque. Pourtant, même s'ils passaient la majeure partie de leur vie à l'extérieur, les peuples de l'ère glaciaire étaient habitués à l'obscurité et aux grottes, et leur fréquentation ne semble pas leur avoir jamais posé de difficultés.

Images trouvées à l'extérieur des grottes

Tout comme nous parlons souvent des « hommes des cavernes », alors que les peuples de l'ère glaciaire vivaient très rarement à l'intérieur des grottes (ils vivaient généralement à l'entrée des grottes et dans des abris sous roche), nous utilisons aussi couramment les termes « art pariétal » ou « art des cavernes », alors qu'en réalité, des images ont également été réalisées à l'extérieur. En fait, la grande majorité des images de l'ère glaciaire ont sûrement été réalisées en plein air !

Depuis la découverte de l'art pariétal à la fin du XIXe siècle, les chercheurs supposaient que les Hommes de la dernière glaciation avaient également réalisé des images à l'extérieur des grottes, mais que celles-ci n'avaient pas survécu à des milliers d'années d'altération et d'érosion. C'est certainement vrai pour les pigments, qui s'estompent assez rapidement. Mais nous savons aujourd'hui que les images gravées ou **piquetées** dans la roche peuvent survivre, pour peu que les conditions climatiques le permettent.

Depuis les années 1980, un grand nombre d'exemples de gravures et de sculptures ont été trouvés en extérieur, en particulier dans le nord-est du Portugal, mais aussi en Espagne, et même dans les Pyrénées françaises, en Allemagne et en Égypte. La plupart des figures qui ont survécu jusqu'à nous se trouvent sur des **roches schisteuses**, souvent le long des rivières. Elles sont similaires aux images trouvées dans les grottes : il s'agit principalement d'animaux adultes dessinés de profil, avec des caractéristiques stylistiques similaires à celles de l'art pariétal et mobilier ; les

Chevaux et bouquetins piquetés à Penascosa, dans la vallée du Côa (Portugal).

chevaux et les bovidés (bœufs sauvages) prédominent ; il y a quelques « signes », très peu de scènes, presque aucun être humain et aucune ligne au sol. Les images sont regroupées en « panneaux » (c'est-à-dire sur des rochers différents) et les fissures et les bords des rochers sont fréquemment utilisés pour placer les figures animales.

Les deux principales concentrations de ces figures se trouvent à Siega Verde en Espagne, le long de la rive d'un affluent du Douro, où au moins 540 images gravées et piquetées ont été découvertes depuis 1989, et dans la vallée du Côa, au nord-est du Portugal, où au moins 2.000 figures gravées et piquetées datant de l'ère glaciaire ont été comptabilisées, dispersées dans un rayon d'environ 20 kilomètres. Peu après leur découverte en 1994, la plupart d'entre elles ont failli être submergées par la construction d'un grand barrage. Une campagne internationale a été lancée, pour tenter de préserver ce patrimoine unique au bénéfice des générations futures. Les écoliers de la région ont joué un rôle de premier plan dans cette campagne en organisant des événements, des pétitions et même des manifestations de rue avec des pancartes, utilisant le slogan « Nos gravures ne savent pas nager ».

Photo d'une manifestation organisée par des écoliers pour sauver les figures du Côa.

Les images du Côa ont finalement été sauvées de la destruction et sont rapidement devenues un site du patrimoine mondial. Elles représentent des chevaux, des bouquetins, des cerfs, mais surtout des aurochs (bœufs sauvages), ainsi que quelques poissons et humains. Leur taille varie de 5 cm à plusieurs mètres. D'après leur style, il est clair qu'on a affaire à au moins deux périodes différentes. Les œuvres piquetées auraient environ 27.000 ans et sont celles qui ont tendance à être les plus grandes et les plus visibles. Plusieurs étaient clairement destinées à être vues de loin, et des traces de pigment sur un site où les gravures ont été mieux protégées grâce à un surplomb rocheux indiquent que de l'ocre rouge était à l'origine utilisé dans les lignes gravées, les rendant ainsi encore plus visibles. Les nombreuses gravures fines appartiennent à une période différente et dateraient d'environ 16.000 ans. Elles sont beaucoup plus petites et ne peuvent être vues que de près. En d'autres termes, les images anciennes sont « publiques », tandis que les plus récentes sont « privées ».

Comment pouvons-nous être sûrs que ces images en extérieur appartiennent bien à la dernière période glaciaire ? Tout d'abord, les techniques utilisées, les styles et les animaux représentés correspondent parfaitement à ce que l'on connaît de l'art pariétal et de l'imagerie mobilière. À proximité des gravures de Côa, d'importants sites d'occupation en plein air de l'ère glaciaire ont été fouillés et ils ont livré des outils en pierre portant des traces de martèlement, du même type que celles qui auraient été produites si l'on s'en était servi pour réaliser les figures piquetées. Enfin, certains panneaux piquetés de la vallée de Côa ont été retrouvés enfouis sous des dépôts datant de l'âge de glace et qui ont pu être datés par le radiocarbone et par d'autres méthodes.

Nous avons déjà mentionné (voir p. 55) que, dans les grottes, le déplacement de la source lumineuse peut produire des effets étonnants de lumière et d'ombre, faisant alternativement apparaître et disparaître les figures. Dans les sites à ciel ouvert, les mouvements quotidiens du soleil et de la lune ont pu provoquer des variations de visibilité équivalentes.

Grâce à ces découvertes faites au cours des dernières décennies, il est désormais clair que les Hommes du paléolithique devaient décorer tout ce qui leur tombait sous la main : leurs corps, leurs vêtements, leurs tentes, leurs objets et même les rochers qui les entouraient. Mais du coup, cela signifie aussi que la grande majorité de leurs images ont disparu à jamais et que celles que recèlent encore environ 450 grottes et abris sous roche (ce qui n'est pas beaucoup pour une période de 30.000 ans !) doivent leur renommée et leur importance au hasard heureux qui les a fait survivre, scellées sous terre. La décoration des grottes ne faisait pas partie de la vie quotidienne ; en fait, elle était probablement très rare. C'est l'art en plein air qui était la norme à l'âge de glace !

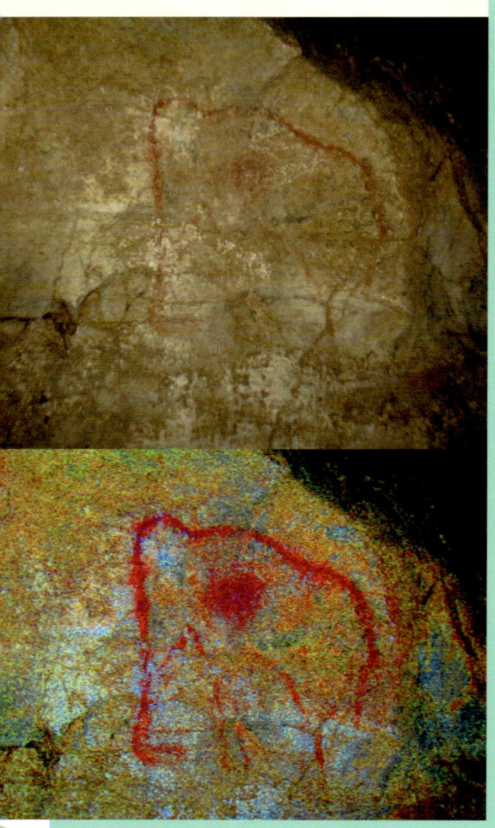

Le mammouth de la grotte de Pindal, en Espagne. Dessin, photographie et DStretch.

Consigner les découvertes

Depuis la découverte de l'art pariétal, de nombreux efforts ont été déployés pour l'enregistrer et le copier, afin de créer des reproductions à l'usage des chercheurs, mais aussi pour le rendre accessible au grand public. Les photographies et les dessins réalisés au moment de la découverte nous aident à suivre les changements ou la détérioration au fil du temps. Au début, les copies et les calques étaient réalisés sur du papier, ensuite sur des feuilles de plastique transparent. La photographie, puis la photographie couleur, sont finalement devenues la principale méthode d'enregistrement. Aujourd'hui, toutes sortes de numérisations par laser et par ordinateur peuvent être effectuées. Un logiciel particulièrement précieux, appelé DStretch, a aussi été développé, qui permet d'améliorer considérablement la visibilité des pigments, même lorsqu'ils ont presque disparu ! Sur les images ci-contre d'un dessin rouge représentant un mammouth dans la grotte espagnole de Pindal, vous pouvez comparer un dessin réalisé au début du XXe siècle, une photographie prise il y a quelques années et la même photographie traitée avec DStretch.

Comment pouvons-nous être sûrs que ces images datent bien de l'âge de glace ? Un indice fondamental réside dans la représentation d'animaux aujourd'hui disparus (tels que le mammouth ou le rhinocéros laineux) ou qui n'étaient présents qu'à l'époque glaciaire (tels que le renne dans le sud de la France ou le nord de l'Espagne).

Pendant longtemps, nous ne pouvions dater que les objets d'art mobilier (gravures ou sculptures sur os, bois, ivoire ou pierre), car ceux-ci étaient souvent trouvés en association avec des outils et d'autres objets datant de périodes particulières de la période glaciaire. Le développement de la datation au **radiocarbone** depuis la Seconde Guerre mondiale a permis de dater les matières organiques (généralement du charbon de bois) présentes dans les couches contenant les objets d'art, fournissant ainsi un âge approximatif pour les images.

Mais comme il s'agit d'objets portables, il est toujours possible que certains d'entre eux aient été transportés au fil des générations, de sorte que l'endroit où l'archéologue les a trouvés est parfois très éloigné de leur lieu de fabrication, et que la couche dans laquelle ils se trouvent n'est qu'une indication du moment où ils ont été perdus ou jetés, et non nécessairement de leur date de fabrication. Dans certains cas, ils peuvent être considérablement plus anciens.

Mais comment pouvons-nous dater les images dessinées sur les parois des grottes ? À la fin de la période glaciaire, de nombreuses grottes ont vu leur entrée bloquée par des

éboulements causés par le changement climatique, de sorte que toutes les images trouvées à l'intérieur précèdent nécessairement la fin de la glaciation. En 1895, un agriculteur français a fait appel à des ouvriers pour déblayer les sédiments d'un abri sous roche qu'il utilisait comme entrepôt pour ses outils et ses produits. En retirant les débris, qui contenaient des outils en pierre datant de la période glaciaire, ils ont mis à jour un trou donnant sur une galerie. Quatre jeunes gens, menés par Gaston Berthoumeyrou, l'ont explorée et ont découvert à 100 mètres de l'entrée un grand bison gravé sur une paroi ainsi que de nombreuses autres figures. Elle est aujourd'hui connue sous le nom de grotte de La Mouthe et les images qu'elle contient doivent nécessairement appartenir à la dernière glaciation puisque son entrée était bloquée par des sédiments de cette époque.

Dans d'autres grottes, les parois décorées étaient elles-mêmes recouvertes de dépôts de l'ère glaciaire qui s'étaient accumulés au fil du temps. Dans quelques cas, des fragments de parois décorées se sont détachés et se sont **stratifiés** dans les couches archéologiques situées en dessous, ce qui permet de déterminer l'âge minimum des images : elles doivent être plus anciennes que les couches dans lesquelles elles se trouvent. Mais plus anciennes de combien ? Peut être des siècles, voire des milliers d'années.

Comment obtenir une datation plus précise de l'art pariétal ? Une solution consiste à déterminer quand une grotte ou un abri décoré a été occupé. Malheureusement, certains d'entre eux n'ont jamais été habités, tandis que d'autres ont été occupés à plusieurs reprises pendant la période glaciaire. Dans les cas où il y a eu une seule période d'occupation, cependant, il est probable (mais pas certain !) que c'est à ce moment-là que les images ont été réalisées. La situation se clarifie si les couches d'occupation d'une grotte contiennent des matériaux colorants ou des outils possiblement liés à la production des œuvres. Par exemple, dans le grand abri sous roche sculpté d'Angles-sur-l'Anglin, la couche d'occupation principale

La frise d'Angles montrant certaines des figures de bouquetins grandeur nature.

contenait des pics en pierre massifs, des morceaux de pigment, des crayons d'ocre, des meules et des spatules, c'est-à-dire tout l'équipement nécessaire pour réaliser ces figures sculptées et peintes.

Pendant des décennies, la datation au radiocarbone n'a pas pu être appliquée à l'art pariétal pour deux raisons : premièrement, on ne savait pas encore que le pigment noir utilisé était souvent du charbon de bois – les premières analyses avaient indiqué qu'il s'agissait de manganèse, qui est inorganique et ne peut donc être daté. Et deuxièmement, même si l'utilisation du charbon de bois avait été connue, la taille de l'échantillon nécessaire pour tenter une datation au radiocarbone aurait impliqué la destruction de figures entières, sans garantie de succès ! Aujourd'hui, cependant, une technique améliorée, connue sous le nom d'AMS (Accelerator Mass Spectrometry), ne nécessite qu'une infime quantité de pigment, ce qui endommage très peu les images. De nombreuses images au charbon de bois sur les parois des grottes ont donc pu être datées, avec plus ou moins de succès. Dans l'ensemble, les résultats concordent bien avec les estimations issues de plus d'un siècle d'études sur les styles, sur les techniques, sur les œuvres d'art mobilier bien datées et sur le matériel archéologique trouvé dans les couches d'occupation.

Mais il y a quand même eu quelques surprises et incohérences. Un fait fondamental à retenir en matière de datation au carbone est que ce qui a été daté, c'est la mort de l'arbre qui a produit le charbon de bois, ce qui n'est pas nécessairement la même chose que le moment où le charbon de bois a été utilisé pour produire la figure. Dans la plupart des cas, les deux événements ne sont probablement pas très éloignés l'un de l'autre, mais il est toujours possible que des gens soient entrés dans une grotte et et aient utilisé les charbons d'un ancien foyer pour dessiner, ce qui est beaucoup plus simple que de se donner la peine d'en fabriquer !

Mais alors, qu'en est-il des nombreuses images pariétales réalisées avec des pigments inorganiques (manganèse, ocre rouge) ou par gravure ? La datation au radiocarbone ne peut pas être utilisée pour celles-ci. Une autre technique peut toutefois être appliquée, qui ne date pas directement l'art, mais plutôt la calcite qui se forme souvent sur les parois des grottes. Cette technique, connue sous le nom de méthode uranium/thorium, permet de déterminer quand la calcite a commencé à se former, fournissant ainsi un âge minimum pour l'image qui se trouve en dessous. Cette méthode a été appliquée avec succès non seulement à de nombreuses grottes ornées glaciaires en Espagne, mais aussi à d'autres grottes en Indonésie. En Espagne, les résultats ont révélé que le plafond d'Altamira a été décoré de manière sporadique pendant 20.000 ans, car la datation de la calcite montre que certaines formes géométriques rouges ont au moins 35.000 ans (et peut-être beaucoup plus), tandis que le charbon de bois des célèbres figures de bisons, les dernières images dessinées sur le plafond, a 14 à 15.000 ans.

Le charbon de bois utilisé pour ces bisons à Covaciella, en Espagne, a été daté au carbone à environ 17.000 ans.

L'ART NÉANDERTALIEN

Au cours des dernières années, la technique de datation de la calcite a donné des résultats de plus de 60.000 ans pour des peintures situées dans plusieurs grottes espagnoles, y compris des mains négatives de Maltravieso (voir p. 43), ce qui confirme que les Néandertaliens décoraient eux aussi les grottes ! Ces premiers humains qui ont précédé l'Homo sapiens en Eurasie étaient traditionnellement considérés comme des brutes ignorantes, sans culture ni art. Cependant, de nombreuses preuves ont émergé ces dernières années, démontrant qu'il s'agissait en fait de personnes très sophistiquées et inventives, qui fabriquaient des bijoux et utilisaient beaucoup de pigments. Certains chercheurs n'ont donc pas été surpris lorsque ces dates très anciennes ont été obtenues dans plusieurs grottes espagnoles. La France possède également une grotte, La Roche-Cotard, dont les parois ont été marquées de motifs par les doigts des Néandertaliens, et où un visage remarquable a été mis au jour. Il s'agit d'un silex de la taille d'une main qui a été façonné, puis dans lequel un os de côte a été inséré dans un creux naturel, de sorte qu'il ressemble à un visage de pierre avec deux yeux en os. Il aurait environ 70.000 ans !

Faux et contrefaçons

Dès que l'art mobilier de l'ère glaciaire a été découvert et accepté dans les années 1860, les contrefaçons ont rapidement commencé à apparaître. À l'époque, ces objets étaient parfois vendus à des prix élevés, ce qui rendait très tentant d'en fabriquer des copies. Et c'était facile : les grottes et les abris sous roche du sud de la France regorgeaient d'os et de bois de renne pouvant être facilement sculptés ou gravés, ce qui permettait de produire des pièces d'art mobilier de l'ère glaciaire apparemment authentiques. D'ailleurs, il est très probable qu'encore aujourd'hui, certains des spécimens exposés dans nos musées soient des contrefaçons modernes de ce type !

Quelques-unes des figures et des mains négatives contrefaites dans la grotte de Zubialde (Espagne).

L'art pariétal est beaucoup plus difficile à falsifier que les objets mobiliers, car il nécessite beaucoup plus d'efforts et d'équipement. Mais quelques cas ont été signalés au fil des ans, principalement en Espagne. Récemment encore, en 1991, une grotte appelée Zubialde, située dans le Pays basque espagnol, a été présentée aux autorités comme une grotte ornée de l'ère glaciaire récemment découverte. La plupart des chercheurs ont immédiatement eu des soupçons, car les dessins d'animaux et les pochoirs de mains étaient incroyablement laids et maladroits, ce qui n'est pas le cas des œuvres authentiques ! Finalement, l'analyse des pigments utilisés a révélé qu'ils contenaient de minuscules fragments d'une éponge de cuisine moderne en plastique vert !

Panneau représentant des chevaux, des aurochs et des rhinocéros dans la grotte Chauvet

Depuis sa découverte, de nombreuses tentatives ont été faites pour comprendre l'art de l'ère glaciaire. Historiquement, l'une des premières idées avancées fut que nos ancêtres aimaient juste décorer les parois des grottes, ou qu'ils disposaient de beaucoup de temps libre. Mais il est très improbable que l'une ou l'autre de ces hypothèses soient vraies ! Cette **théorie** a été suivie par une autre suggestion, selon laquelle l'art paléolithique avait peut-être un rapport avec la chasse. Mais il n'y a pas une seule image d'animaux chassés dans l'art de cette époque, et les animaux représentés n'étaient pas toujours les mêmes que ceux que les gens chassaient. Des dizaines de milliers d'animaux sont représentés, mais il n'y a pas une seule scène de chasse, et certains animaux qu'ils mangeaient ne sont jamais représentés. Les lapins, par exemple, sont souvent présents dans les couches archéologiques des périodes considérées, mais on ne connaît qu'un tout petit nombre de dessins de lapins ou de lièvres sur les murs des grottes !

Vint ensuite l'idée que cet art avait une signification magique ou surnaturelle, une sorte de religion primitive. Une suggestion encore plus saugrenue veut qu'une grande partie de cet art aurait été produit par des chamans de l'âge de glace. Alors qu'on ne sait même pas si des chamans dotés de pouvoirs spéciaux existaient ou non à cette époque !

Les théories continuent de fleurir et suscitent parfois un grand enthousiasme dans les médias, surtout lorsque quelqu'un se propose d'« expliquer » le sens caché de l'art de l'âge glaciaire.

Souvent, plus la « théorie » est farfelue, plus les médias lui accordent d'attention, tout du moins jusqu'à ce que les véritables experts arrivent. Mais quand ces derniers expliquent pourquoi la dernière suggestion en date est ridicule, leurs mises au point reçoivent souvent bien moins d'attention.

Par exemple, l'énorme dessin de poisson dans la grotte espagnole de La Pileta ressemble presque à une « **performance artistique** ». Il n'était pas caché dans un coin de la grotte, mais dessiné sur une grande portion de mur. Chaque marque autour du poisson semble avoir été placée là de façon délibérée et faire partie de la scène. On a dit que le poisson était un flétan (un poisson qui peut vivre jusqu'à 50 ans) ; pourtant, voir apparaître un flétan sur les plages méditerranéennes serait un spectacle assez curieux, sans compter que la grotte de La Pileta se trouvait à plus de 40 km de la mer durant l'âge de glace. Plus vraisemblablement, il s'agit peut-être d'un requin pèlerin, voire d'un phoque moine de Méditerranée.

SIGNIFICATION

Il est difficile d'interpréter l'art pariétal, car nous, qui vivons des dizaines de milliers d'années plus tard, ne sommes plus les spectateurs auxquels les artistes s'adressaient. Et il n'est pas sage d'émettre des hypothèses sur les croyances des cultures préhistoriques, car elles avaient une façon différente de comprendre et de « voir » le monde, par rapport à nous qui vivons à l'époque moderne.

Un taureau noir
à Lascaux

De plus, il nous est assez difficile d'imaginer ce qu'est une culture première, c'est-à-dire une culture qui n'a aucune connaissance de l'écriture ou de la « recherche d'informations ». En termes simples, ces peuples n'ont pas besoin de faire les choses comme nous les faisons. Les membres de ces cultures apprennent par l'apprentissage et acquièrent les connaissances dont ils ont besoin en répétant les histoires et les informations transmises de génération en génération. Dans ces cultures, si la sagesse et les connaissances ne sont pas répétées et révisées, elles se perdent. Il en allait sans doute de même pour les peuples vivant à l'époque glaciaire. Ils se devaient de trouver un moyen de stocker les connaissances, afin de les transmettre aux générations futures. Or l'art, sous ses nombreuses formes (sur des objets, sur les parois des grottes et dans le paysage), aurait pu être un moyen idéal de « capturer » et de transmettre des informations importantes concernant leur survie, leurs traditions et peut-être même leurs croyances religieuses.

CONCLUSION

Au cours de ce petit livre sur l'art de l'ère glaciaire, nous vous avons présenté un phénomène très particulier mais complexe, peut-être le plus merveilleux cadeau que nos ancêtres aient pu nous laisser. Et dans l'annexe, nous avons répertorié quelques ouvrages pour ceux d'entre vous qui souhaitent en savoir plus sur ces images.

Il reste encore des œuvres de cette époque à découvrir, ça ne fait aucun doute. A mesure que la science progresse, nous comprendrons et en apprendrons aussi davantage sur cet art et sur ceux qui l'ont produit. Visiter les grottes ornées, ces lieux mêmes où les artistes ont travaillé pour produire leurs œuvres, est une expérience merveilleuse, et de nombreux sites sont ouverts au public.[*] Si vous en avez l'occasion, allez les voir par vous-même et, comme tous ceux qui vous y ont précédé, y compris les plus grands experts, vous pourrez décider en votre âme et conscience quels messages nos ancêtres ont voulu transmettre !

[*] Le livre de Paul Bahn (*L'Art des cavernes. Guide des grottes ornées de la période glaciaire en Europe*) donne tous les détails nécessaires sur les grottes ouvertes à la visite. La première étape est Creswell Crags où, en 2003, lui et son équipe ont découvert le seul art pariétal de l'âge de glace en Grande-Bretagne.

Dessins de bisons et de bouquetins de Niaux, France

GLOSSAIRE

Affilié : faire partie d'un groupe similaire plus grand.

Analyse : décomposer quelque chose en parties plus petites afin de mieux le comprendre et l'expliquer.

Archéologue : personne qui s'efforce de comprendre le passé en déterrant (fouillant) et en étudiant les objets laissés par les générations précédentes.

Archives archéologiques : documentation (mise par écrit) de l'étude de la vie telle qu'elle existait dans le passé.

Architecture : processus de conception de bâtiments ou style et manière de construire.

Art performatif : Combinaison d'arts visuels et de narration, de musique, de danse ou de théâtre.

Authentifier : prouver l'authenticité ou la validité de quelque chose.

Bas-relief : sculpture dont l'image dépasse légèrement de la surface environnante.

Chercheur : personne qui étudie attentivement quelque chose afin d'obtenir des informations ou de résoudre un problème.

Cristaux d'hématite : cristaux d'oxyde de fer, généralement de couleur rougeâtre.

Datation au radiocarbone : méthode permettant de calculer l'âge de matières organiques telles que le charbon de bois, les graines, le bois et les os.

Déblais d'excavation : tas de déchets provenant d'une excavation.

(se) Désintégrer : se désagréger, se briser, s'effriter ou se disperser.

Ethnographie : étude scientifique des peuples et des cultures, de leur langue, de leurs coutumes, de leurs habitudes et de leur mode de vie.

Fertilité : capacité à avoir une descendance.

Haut-relief : sculpture dont l'image dépasse considérablement de la surface environnante.

Homo sapiens : les humains biologiquement modernes, c'est-à-dire nous ! Également connu sous le nom de *H. sapiens*.

Interprétation : processus consistant à expliquer ou à comprendre la signification de quelque chose.

Métaphore : expression qui décrit quelque chose en le comparant à autre chose.

Monumental : énorme, imposant ou extrêmement visible.

Oblitérer : Supprimer, anéantir ou détruire au point de rendre impossible toute reconnaissance.

Organique : Produit naturellement, à partir d'êtres vivants et sans ajout de produits chimiques.

Piqueté : Images produites en frappant la roche avec un marteau en pierre.

Périssable : Susceptible de se détériorer ou de pourrir en peu de temps.

Phénomène : fait ou situation qui semble exister ou se produire, ou événement inhabituel ou remarquable.

Préhistorique / Préhistorien : appartenant à une période antérieure à l'histoire écrite. Archéologue qui étudie la préhistoire.

Preuve : information, donnée ou élément qui donne des raisons de croire en quelque chose.

Propulseur : outil qui utilise l'effet de levier pour obtenir une plus grande vitesse, une plus grande force et une plus grande distance lors du lancer d'une sagaie.

Répliquer : répéter ou reproduire.

Roches schisteuses : type de roche facile à fendre, formant des couches superposées comme des feuilles.

Spéléologie : exploration et étude scientifiques des grottes.

Spéléologue : personne qui explore les grottes pour le plaisir ou qui les étudie dans le cadre de son métier.

Stéatite : type de roche tendre, également connue sous le nom de pierre à savon.

Stratifié : formé ou disposé en strates ou en couches.

Surnaturel / Êtres surnaturels : ayant trait à quelque chose qui échappe aux lois de la science et de la nature. Quelque chose ou une créature que l'on croit capable d'influencer le cours des événements humains.

Symbole : objet, forme ou image utilisé pour donner le sens de quelque chose d'autre.

Symbolique : relatif à un symbole ou représenté par un symbole.

Terre cuite : argile céramique durcie au feu, de couleur brunâtre à rouge, utilisée pour la fabrication de poteries, de sculptures, etc.

Translucide : ne laissant passer que partiellement la lumière, de sorte que ce qui se trouve de l'autre côté n'est pas clairement visible. Semi-transparent.

Très toxique : très nocif, mortel ou venimeux.

Tridimensionnel : ayant ou semblant avoir une profondeur en plus de la hauteur et de la largeur.

Vertèbres : Petits os qui forment la colonne vertébrale.

Gravure sur os représentant une tête de lion provenant de grotte de La Vache.

QUESTIONS

Pensez-vous qu'un enfant aurait pu réaliser cette figurine (p. 29) ?

À votre avis, à quoi servaient ces figurines féminines (p. 31) ?

Pensez-vous que les enfants fabriquaient des perles et des bijoux ?

Trouveriez-vous amusant de faire des tracés digitaux avec les doigts dans une grotte sombre ?

Pensez-vous que les mains négatives et positives constituent de l'art ?

Si vous étiez à l'intérieur d'une grotte, préféreriez-vous porter une torche allumée ou une lampe à graisse ?

Pouvez-vous imaginer l'artiste de la grotte en train de faire le show en expliquant à son public ce que cela signifie ?

Ours de La Garma (Espagne)

Annexe : Lectures complémentaires

Voir également *L'art de l'époque glaciaire* (Actes Sud, 2016) de Paul Bahn, et (avec Michel Lorblanchet) *Les premiers artistes* (Tautem, 2026).

Par les mêmes auteurs

Vivre à l'âge de glace (Archaeopress, 2025)

Crédits

Page   Légende de l'image

Titre   Panneau de Niaux. Photo B. Caland

Table des matières   Une partie de la série unique de dizaines de grands disques rouges, peints à la bombe ou crachés, dans une galerie de la grotte d'El Castillo (Espagne). Photo P. Saura

iv   Chronologie depuis l'arrivée approximative des humains modernes en Europe jusqu'à nos jours. Archaeopress

v   Photomontage du panneau de la « licorne » à Lascaux II. Photo J. Vertut, collection P. Bahn

vi   Les auteurs à Altamira. Photo A. Gavan

vi   Quelques-uns des bisons en 3D peints sur des bosses naturelles au plafond d'Altamira. Photo P. Saura

3   Le plafond d'Altamira mesure 20 m de long. On y trouve 18 bisons, un cheval et | une biche, ainsi que de nombreuses gravures. Il a été décoré à différentes époques entre 35.000 et 17.000 ans. Photo P. Saura

4   Les seules photos connues de Robot avec son maître Marcel. Photos Collection P. Bahn

5   Quelques-uns des premiers visiteurs inspectant Lascaux. Photo Collection P. Bahn

5   Robot n'a pas disparu et il est même devenu une sorte de héros national ! Photo P. Bahn

7   Photo de l'équipe qui a découvert la grotte de Tito Bustillo. Tito est le deuxième à gauche. Photo collection P. Bahn

9   Les bisons en argile au fond de la grotte du Tuc d'Audoubert. Photo J. Vertut, collection P. Bahn

11   Partie du panneau principal de la grotte de Llonín, dans le nord
      de l'Espagne. Notez la figure serpentine au centre et l'utilisation
      intensive de l'ocre. Photo P. Bahn
12   Les pingouins de Cosquer. Photo L. Vanrell
14   Une minuscule gravure sur os représentant une sauterelle – il
      existe très peu de représentations d'insectes dans l'art de l'âge
      glaciaire. Elle a été trouvée dans la grotte française d'Enlène. Photo
      R. Bégouën
15   Peinture d'un cheval dans la grotte française de Labastide, sur un
      panneau de 4 mètres de haut. Photo P. Bahn collection
16   Un bison européen et, derrière, un cheval de Przewalski qui
      ressemble beaucoup aux chevaux dessinés dans l'art de l'âge
      glaciaire. Photo P. Bahn
17   Reproduction d'un visage gravé à La Marche. D'après Airvaux
18   Quelques-unes des têtes de profil de La Marche, en France. D'après
      Pales et de St Péreuse
19   Visage humain dessiné sur un renflement du mur de la grotte de
      Bernifal, en France. Photo P. Bahn
20   Les anthropomorphes des deux côtés de la draperie stalagmitique
      trouvée dans la petite chambre de la grotte de Tito Bustillo.
      Photos R. de Balbín
21   À gauche, une photographie de l'image peinte et gravée du
      « sorcier » des Trois Frères dans les Pyrénées, en France. À droite,
      un relevé de la créature fantastique. Photo J. Vertut, collection P.
      Bahn. Dessin d'après Breuil
22   Signes dans la grotte d'El Castillo. Photo P. Bahn
24   Duruthy : renne gravé sur une omoplate de renne. Photo P. Bahn
25   Las Caldas : cachalot gravé sur une dent de baleine. Photo J. Vertut,
      collection P Bahn
25   La Garma : aurochs représenté sur une phalange d'aurochs (os de
      l'orteil). Photo E. Clifford
26   Seule main négative de la grotte de Tito Bustillo, placée dans une
      cavité naturelle de la paroi de la grotte. Photo P. Bahn
26   Deux contours découpés de tête de cheval trouvés dans la grotte
      de Tito Bustillo, Asturies (Espagne). Photo R. de Balbín
27   Petit propulseur en bois de cerf provenant de Bruniquel, sculpté en
      forme de mammouth. Photo J. Vertut, collection P. Bahn
28   Tête de lion en terre cuite provenant de Dolní Vestonice. Photo A.
      Marshack, collection P. Bahn

29   Figurine humaine en terre cuite provenant de Maininskaya (Sibérie), haute de 96 mm et datant d'environ 16.500 ans. Il s'agit probablement d'un jouet d'enfant. Photo P. Bahn

29   Figurine féminine provenant de Dolní Vestonice (République tchèque). On peut voir l'empreinte digitale d'un enfant sur le dos de la figurine, datant d'environ 25.000 ans. Photo A. Marshack, collection P. Bahn. Photo gracieusement fournie par M. Králík et Z. Nerudová

31   Une sélection de figurines féminines trouvées lors des fouilles de Mal'ta en Russie. Photos L. Lbova

31   Figurine en ivoire représentant un bison provenant de Zaraisk, en Russie. Photo S. Lev

32   Collier (ou ceinture) composé de canines d'ours gravées, comprenant les représentations d'un phoque, d'un poisson et de harpons, trouvé sur un squelette enterré à Duruthy, dans les Landes, en France. D'après Lartet et Chaplain Duparc

33   Tête d'élan en ambre perforée, longue de 4 cm, provenant du site en plein air de Weitsche (Allemagne). Âgée d'environ 14.000 ans. Photo P. Bahn

34   Rhombe en os gravé avec des motifs géométriques/linéaires et recouvert d'ocre rouge, provenant de La Roche à Lalinde (Dordogne). Longueur : 18 cm, largeur : 4 cm. Photo J. Vertut, collection P. Bahn

35   Lithophone dans la grotte de Nerja, en Espagne, présentant des marques colorées. Photo P. Bahn

36   L'« idole » de Shigir reconstituée en 1894. Photo A. Heikel 1894

37   Grand panier tissé (92 litres) provenant de la grotte de Muraba'at (Israël). Photo Y. Berman

37   Fragment de corde provenant de la grotte de Lascaux, probablement fabriqué à partir de fibres végétales. Il s'agissait d'une corde à trois brins, longue de 30 cm et d'un diamètre de 7 à 8 mm. Photos gracieusement fournies par feu Arlette Leroi-Gourhan

37   Empreinte d'un textile sur un mur de la grotte de Cosquer, en France. Photo L. Vanrell

38   L'artiste a observé une forme naturelle dans la paroi de la grotte et a ajouté un œil rouge et des pattes pour compléter l'image d'un oiseau. Grotte de La Pasiega, nord de l'Espagne. Photo P. Saura

39   Figure de bison sur une grande stalagmite dans la grotte d'El Castillo. Photo P. Saura

Tête de bison sculptée provenant d'Angles-sur-l'Anglin, France

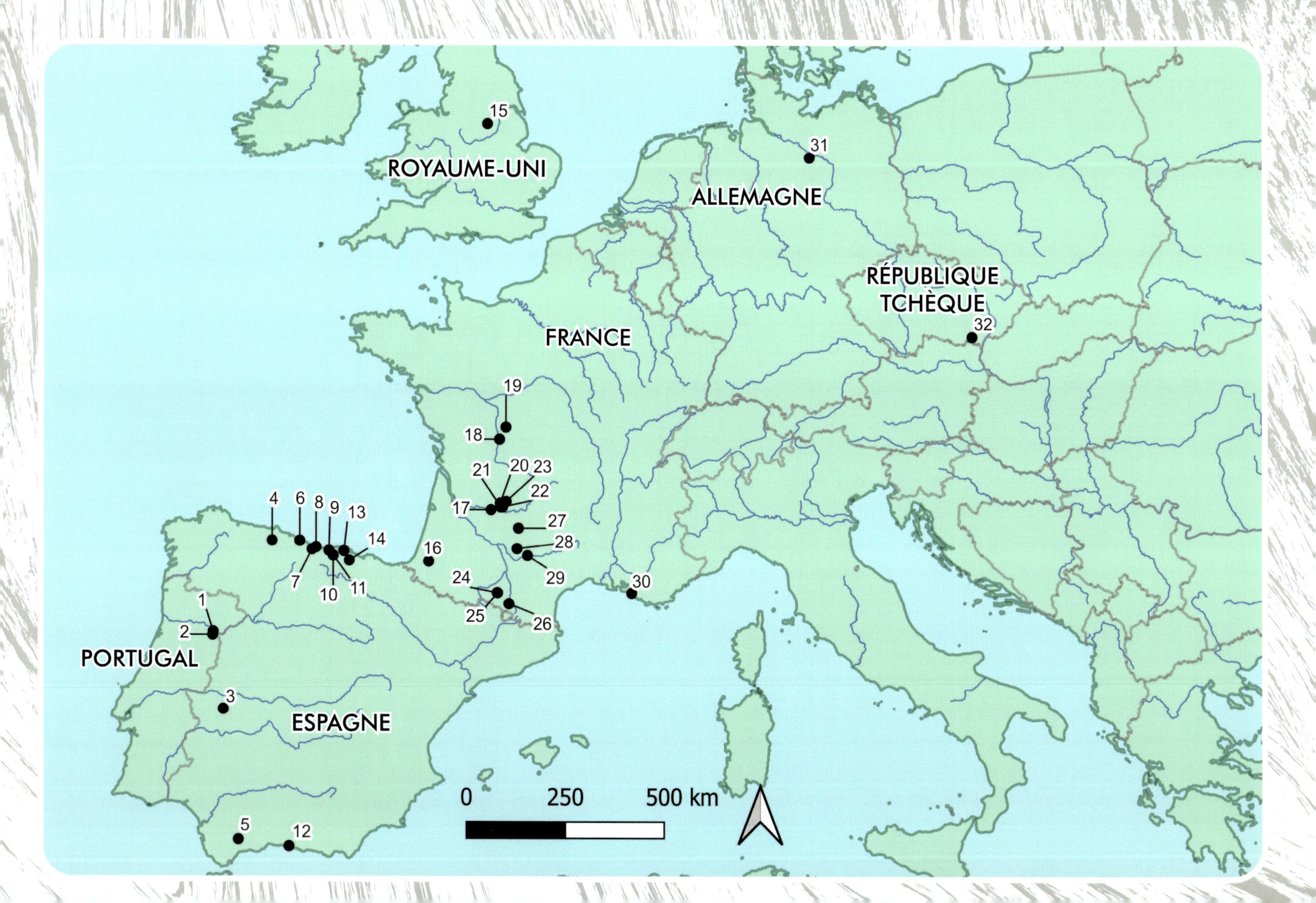

ROYAUME-UNI
ALLEMAGNE
RÉPUBLIQUE TCHÈQUE
FRANCE
PORTUGAL
ESPAGNE
0
250
500 km

Carte des sites mentionnés dans le texte

PORTUGAL
1 Vallée de Coa
2 Penascosa

ESPAGNE
3 Maltravieso
4 Las Caldas
5 La Pileta
6 Tito Bustillo
7 Llonín
8 El Pindal
9 Altamira
10 La Pasiega
11 El Castillo
12 Nerja
13 La Garma
14 Covalanas

ROYAUME-UNI
15 Church Hole, Creswell Crags

FRANCE
16 Duruthy
17 La Roche, Lalinde
18 La Marche
19 Angles-sur-l'Anglin
20 Rouffignac
21 La Mouthe
22 Bernifal
23 Lascaux
24 Tuc d'Audoubert
25 Enlène
26 Niaux
27 Pech-Merle
28 Bruniquel
29 Labastide
30 Cosquer

ALLEMAGNE
31 Weitsche

RÉPUBLIQUE TCHÈQUE
32 Dolni Vestonice

NON REPRÉSENTÉ SUR LA CARTE

RUSSIE
Maininskaya
Mal'ta
Shigir
Zaraisk

ISRAËL
Muraba'at

Les images de Covaciella (voir p. 65) produisent un impact immédiat dès que vous pénétrez dans cette étroite galerie. Ces bisons magnifiquement préservés semblent aussi frais que le jour où ils ont été peints, grâce au fait que la chambre a été scellée de manière permanente, depuis l'ère glaciaire jusqu'à sa récente découverte. La dépression devant les peintures a été creusée puis utilisée par des ours pour hiverner.